D1691237

365 TAGE

Durch das Jahr
mit Anselm Grün

© 2012 Fackelträger Verlag GmbH, Köln
Emil-Hoffmann-Straße 1
D-50996 Köln
Alle Rechte vorbehalten

Satz und Gestaltung:
e.s.n, Düsseldorf

Gesamtherstellung:
VEMAG Verlags- und Medien AG, Köln

ISBN 978-3-7716-4504-5

www.fackeltraeger-verlag.de

365 TAGE

Durch das Jahr
mit Anselm Grün

Edition
Fackelträger

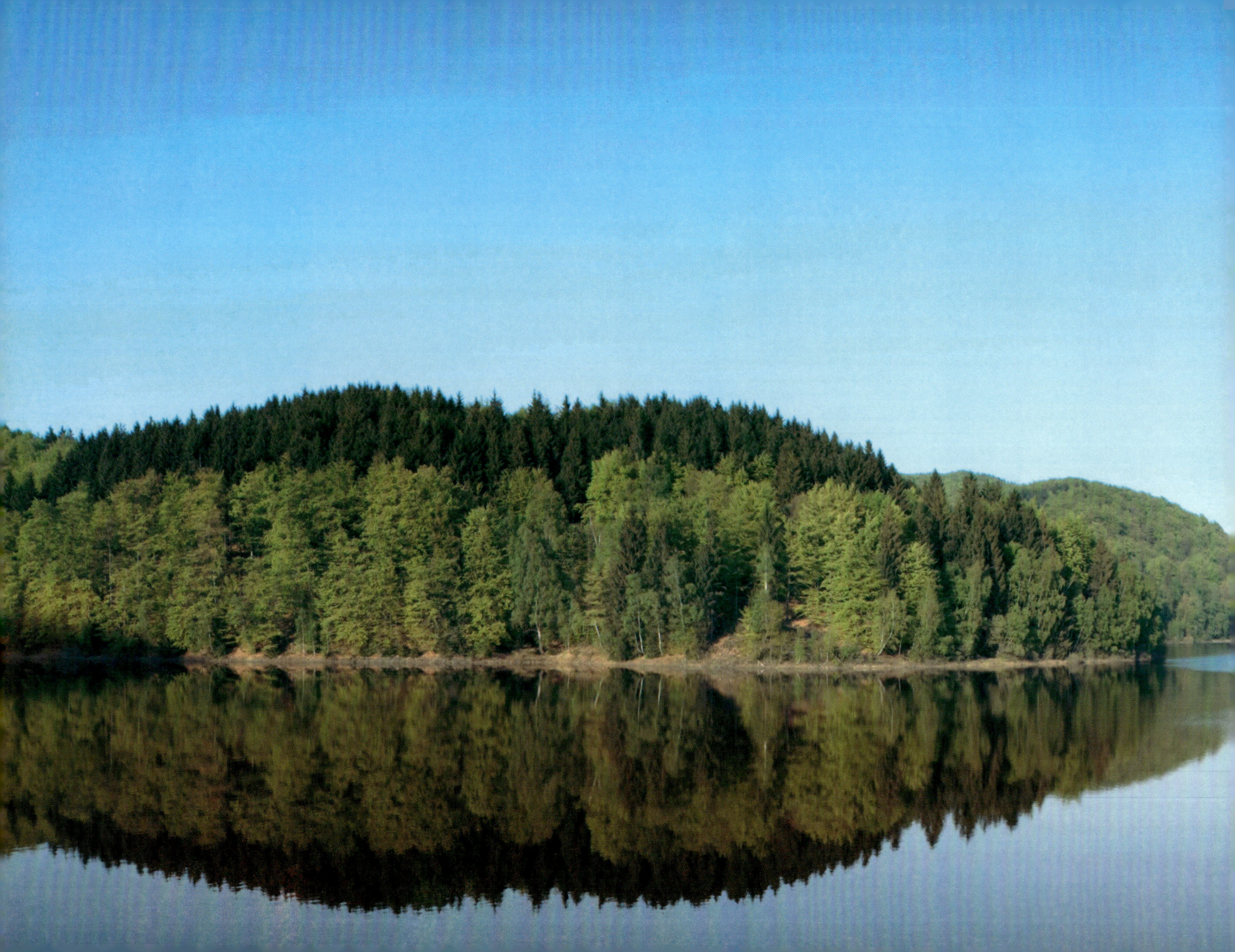

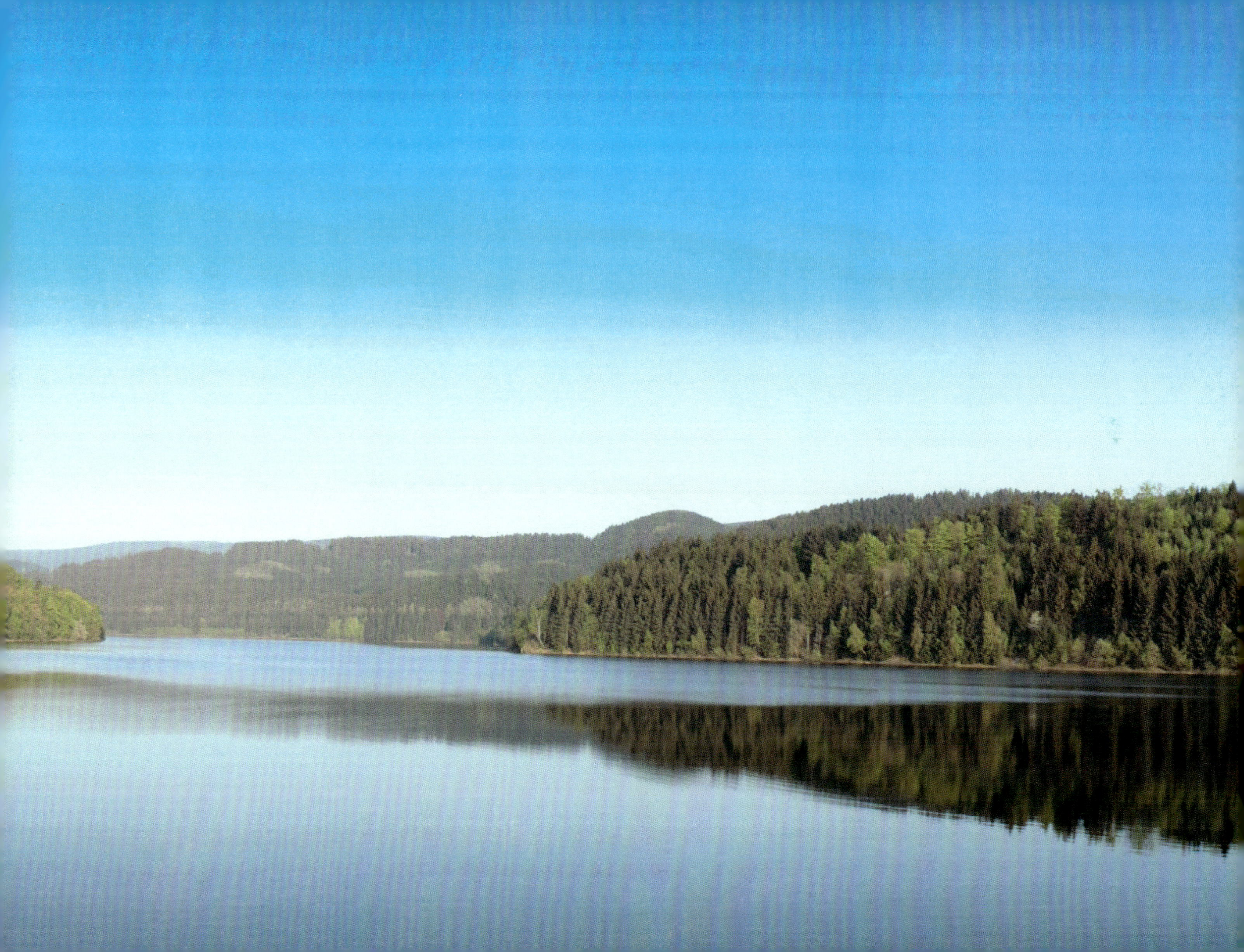

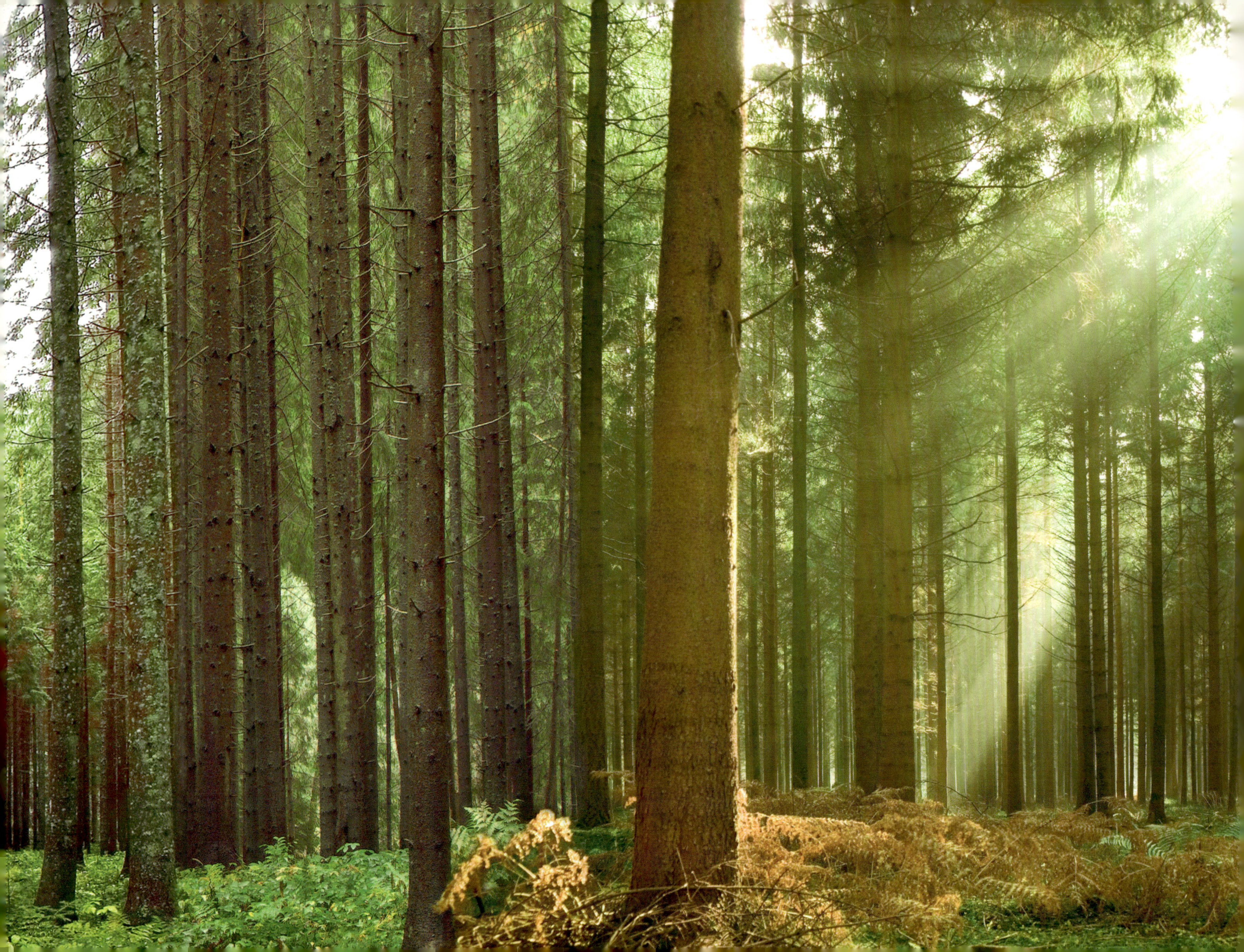

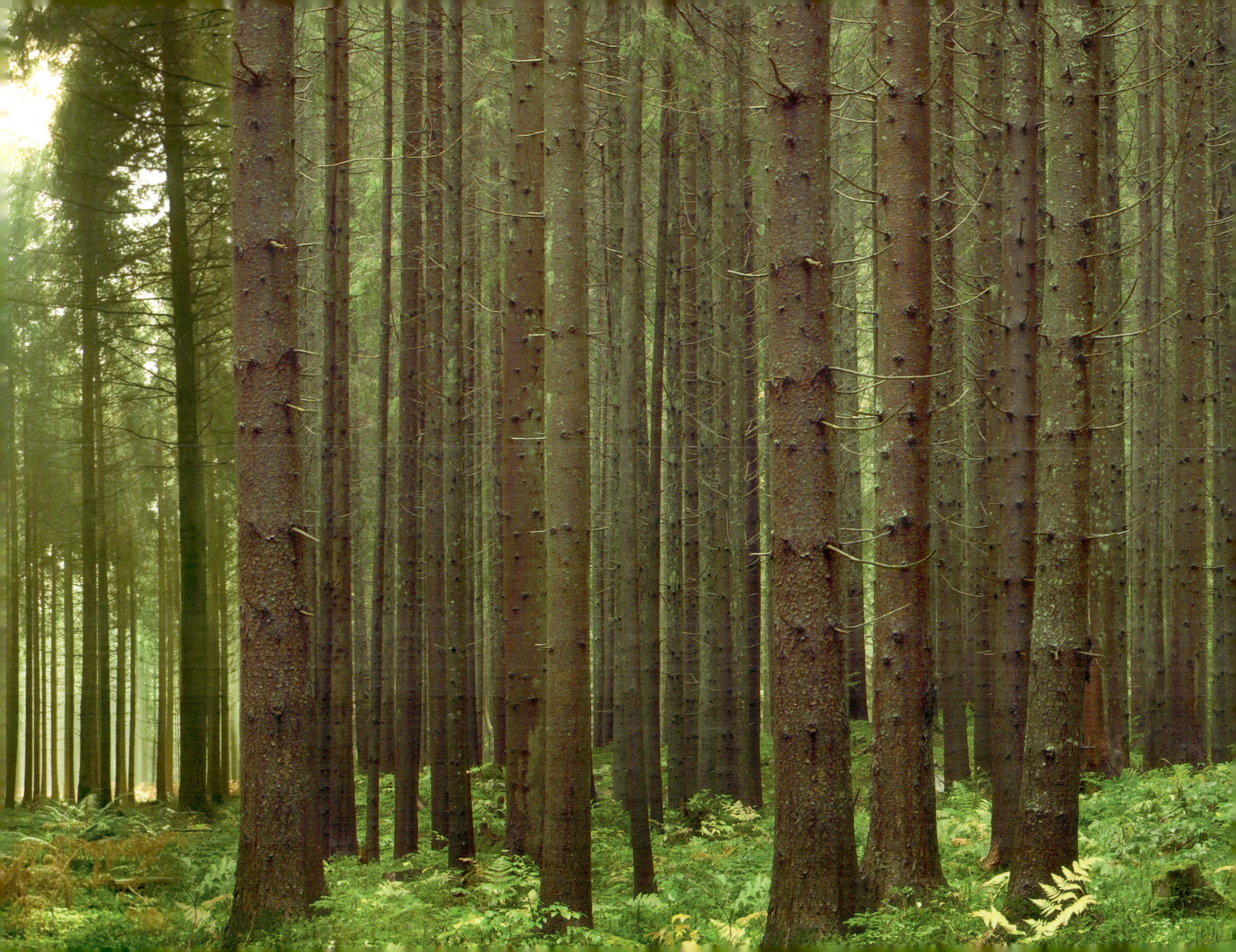

01. JANUAR

Gott schenkt dir Kraft
für neue Aufgaben.

02
JANUAR

Das Ziel unseres Lebens ist die Hingabe an Gott und die Menschen. Ich kann mich nur hingeben, ich kann nur wahrhaft lieben, wenn ich mich gefunden habe, und wenn ich frei geworden bin von mir selbst, vom Kreisen um mich selbst und vom Festklammern an mir und meinem Leben.

03. JANUAR

Wenn ich mit mir übereinstimme, wenn ich im Einklang bin mit mir selbst und wenn das Leben in mir fließt, dann darf ich darauf vertrauen, dass ich in Berührung bin mit dem Wort, das von Gott her in mir erklingen möchte.

04.
JANUAR

Wir alle sind berufen, Propheten zu sein, etwas in Bewegung zu bringen, neue Horizonte zu eröffnen.

05.
JANUAR

In meiner Seele können sich Räume öffnen, die mir ein Gespür für Gott ermöglichen.

06. JANUAR

„Zur Freiheit hat Christus uns befreit", schreibt Paulus an die Galater (Galater 5,1). Die Erlösung durch Jesus Christus wird als Befreiung beschrieben, als große Einladung, nun als freie Söhne und Töchter Gottes zu leben.

07.
JANUAR

Nur wer liebt,
sieht wirklich, weil er
die Dinge von innen
her versteht.

08.
JANUAR

Liebe spricht die tiefste Sehnsucht des Menschen nach Verwandlung, nach Erfüllung, nach Verzauberung aus.

09. JANUAR

Verantwortung heißt, auf den Ruf Gottes zu antworten: nicht nur mit Worten, sondern mit unserem Leben.

10.
JANUAR

Achtsamkeit ist die Kunst,
ganz im Augenblick zu sein.

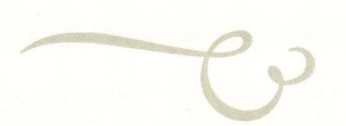

11.
JANUAR

Wer aus der Quelle des Heiligen Geistes schöpft, der wird nicht so schnell erschöpft. Denn diese Quelle ist unerschöpflich, weil sie göttlich ist.

12. JANUAR

Lebensträume sind eine wichtige Motivation, an sich selbst zu arbeiten und die eigenen Fähigkeiten zu entwickeln.

13. JANUAR

Die Schwächen, die ich dem Freund zeige, hindern mich nicht am Leben, sondern sie machen mich im Gegenteil lebendiger. Sie gehören zu mir. Ich darf sie spüren, und in ihnen erahne ich etwas von meinem wahren Wert. Vor allem öffnen mich meine Schwächen für die Freundschaft. Sie wird dadurch lebendiger und intensiver.

14. JANUAR

Beten heißt für mich, immer wieder mit meiner tiefsten Sehnsucht, die auf dem Grund meines Herzens schon da ist, in Berührung zu kommen.

15. JANUAR

Wenn ich das, was mir an Begabung, an Fähigkeiten, an Charaktereigenschaften, an Erziehung, an Familiengeschichte vorgegeben ist, bewusst annehme, kann ich es so formen, dass daraus eine einmalige und wertvolle Gestalt entsteht.

16.
JANUAR

Wo Menschen mit Freude ihren Alltag leben, da öffnen sie den Himmel über allen, denen sie begegnen.

17. JANUAR

Der geistliche Mensch ist immer auch der freie Mensch, der Mensch der nicht von außen bestimmt wird, sondern der von innen heraus lebt, frei von der Erwartung der anderen, frei vom Zwang seiner eigenen Bedürfnisse und Wünsche.

18.
JANUAR

Glaube daran, dass du für diese Welt wichtig bist, dass du eine einmalige Ausstrahlung hast.

....
....
....
....

19. JANUAR

Wer ganz Ohr ist, der hört die Stimmen des Kosmos.

20. JANUAR

In der Seele liegt der Reichtum des Menschen.

----

21. JANUAR

Wenn wir der Frage „Wer bin ich?" zu Ende folgen, werden wir erahnen, dass in uns etwas ist, das uns übersteigt, das wir im Letzten ein Geheimnis sind, das wir nicht mehr beschreiben können.

22.
JANUAR

Der Freund ist wie ein schützendes Zelt, das sich über mir wölbt. In diesem Zelt kann ich daheim sein. Da bin ich geborgen, geschützt vor der stechenden Sonne und der nächtlichen Kälte.

23.
JANUAR

Die Gabe der Stärke wendet sich an den Willen. Es ist die Stärke, die auch für das Leben und das Gute zu kämpfen vermag. Die Gabe der Stärke ist auch immer mit der Tugend der Tapferkeit verbunden. Wenn ich von einer Sache überzeugt bin, kämpfe ich dafür, auch wenn ich dabei verletzt werde. Die Tapferkeit meint, dass ich vor den Herausforderungen der Zeit nicht davonlaufe.

24. JANUAR

Gottes Gebot ist der Weg der Freiheit.

25.
JANUAR

Der Heilige Geist braucht unser Vertrauen, damit er in uns wirken kann.

26. JANUAR

Das rechte Maß zu finden braucht die innere Ruhe, die Erfahrung der eigenen Mitte.

21. JANUAR

Ich entdecke meine eigene Identität,
wenn ich über mich nachdenke,
wenn ich auf mich selbst gestellt bin,
wenn ich frei über meine Zukunft
entscheide und sie selbst gestalte.

....

....

....

....

28.
JANUAR

Unsere Lebensträume führen
uns in die Weite.

_____

_____

_____

_____

29.
JANUAR

Wer das Leben durchschaut und im Blick auf das Lebensganze sein Leben versteht, der wird weise.

....

....

....

....

30. JANUAR

In allen Religionen haben die Menschen das Bedürfnis, Gott am Morgen zu preisen und ihm zu danken für die Ruhe der Nacht und für den neuen Tag, den Gott ihnen schenkt.

31. JANUAR

Das eigene Herz sagt mir, was für mich stimmt.

01.
FEBRUAR

Sei ganz du selbst.

02. FEBRUAR

Jede Krise birgt eine Chance in sich.

03.
FEBRUAR

Wo Gott herrscht,
da findet der Mensch
zu seiner Freiheit, da wird
der Mensch erst zum
Menschen.

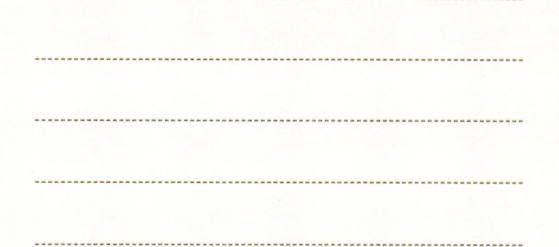

04.
FEBRUAR

Wenn die Angst hochkommt, dann rede mit der Angst. Denke die Angst zu Ende. Lasse in der Vorstellung das zu, wovor du Angst hast.

....

....

....

....

05. FEBRUAR

Zur Freundschaft gehört es gerade, auch durch Durststrecken und Wüstenabschnitte gemeinsam zu gehen. Ich stütze den Freund, wenn es ihm nicht gut geht. So darf ich auch vertrauen, dass der Freund mit mir geht, wenn ich alleine kaum ein Schritt vorankomme.

06.
FEBRUAR

Der Morgen erinnert uns daran, dass Gott uns in seinem Sohn Jesus Christus besucht hat und auch heute bei uns ist.

07. FEBRUAR

Jeder Mensch hat die
Freiheit, seine eigene
Meinung zu vertreten.

08.
FEBRUAR

Je mehr wir unsere Schattenseiten verdrängen, desto tiefer verletzen sie uns. Wer seine Gefühle unterdrückt, bei dem zeigen sie sich als Sentimentalität, die ihn überfällt und beherrscht. Er kann sich nicht gegen die Flut seiner Gefühle wehren.

....

....

....

....

....

22. FEBRUAR

Wenn ich dem wahren Freund über meine Gefühle wie Eifersucht, Neid, Angst, Unsicherheit spreche, werde ich mit meiner eigenen Seele in Berührung kommen.

10. FEBRUAR

Zweifel halten uns lebendig –
sie zwingen uns, weiterzusuchen.

11. FEBRUAR

In der Ebenbildlichkeit Gottes liegen die Würde des Menschen und zugleich die Freiheit von jedweder menschlichen Macht.

12. FEBRUAR

Glaube ist die Gewissheit, dass meinem Kern nichts zustoßen kann, dass mein innerster Kern unversehrt bleibt, dass ich als Person nie aus der liebenden Hand Gottes fallen werde.

13.
FEBRUAR

Unser Leben ist einmalig, Gott spricht jeden Menschen ganz persönlich an. Unsere Aufgabe besteht darin, das einmalige, jedem Einzelnen zugesprochene Wort in dieser Welt vernehmbar zu machen.

14. FEBRUAR

Ein wichtiger Weg zur inneren Quelle ist das Gebet. Indem ich meine Gedanken und Gefühle Gott hinhalte – in dem Vertrauen, dass Gott mir antwortet, entweder in den leisen Impulsen meines Herzens oder in dem inneren Frieden, der im Gebet entsteht.

15. FEBRUAR

Wenn ich glaube, dass Gott mich in die Welt gerufen hat, damit durch mich die Welt menschlicher und liebevoller wird, dann hat mein Leben einen Sinn. Dann werde ich jeden Morgen mit diesem Gefühl in den Tag gehen, dass ich heute Licht und Liebe in diese Welt tragen möchte.

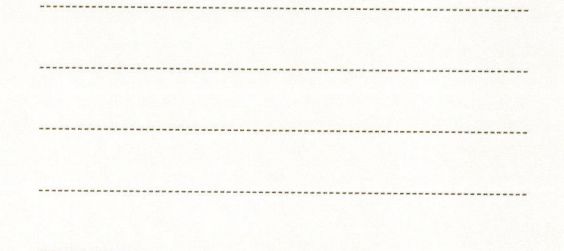

16. FEBRUAR

Die Liebe schenkt Frieden zwischen den Menschen und bringt uns mitten in Zeiten von Unruhe und Widrigkeiten mit dem inneren Raum der Stille in Berührung.

17. FEBRUAR

Offenheit gelingt nur dem, der
sich selbst traut und der sich selbst
so angenommen hat, wie er ist.

....

....

....

....

18. FEBRUAR

In der Nähe des Freundes kommt man in Berührung mit seinem wahren Selbst. Da erkennt man das Lautere, Authentische, Wahre in sich selbst. Die Nähe des Freundes verwandelt einen. Sie ist wie eine Höhenluft, in der man anders atmet als sonst, in der man mit dem Hohen und Hehren in sich selbst in Berührung kommt.

19.
FEBRUAR

Wer das Leben gewinnen will,
muss sich darauf einlassen.

_____

_____

_____

_____

20. FEBRUAR

Wenn Jesus Christus bei uns ist, werden wir gerecht leben. Wir werden diesem Tag gerecht werden, wir werden unserem Auftrag gerecht werden, den Gott uns an diesem Tag anvertraut.

21.
FEBRUAR

Jeder von uns hat eine Aufgabe in dieser Welt. Jeder gräbt mit seinem Leben eine Spur in diese Welt, die nur durch ihn eingegraben werden kann.

22. FEBRUAR

Wenn wir die Welt nur mit einem Auge anblicken, das beurteilt, einteilt, berechnet, dann sehen wir nur einzelne Dinge nebeneinander. Wenn wir aber ganz Auge sind, dann werden wir eins mit dem Geschauten. Und dann schauen wir in dem Geschauten den Grund allen Seins. Dann zeigt sich im Sichtbaren das Unsichtbare.

----

23. FEBRUAR

Die Stille ist ein reinigendes Bad für die Seele.

24.
FEBRUAR

Die Liebe ist letztlich das, was die eigene Brüchigkeit zusammenfügt.

25.
FEBRUAR

Je mehr wir uns selbst spüren und bei uns sind, desto freier sind wir.

26.
FEBRUAR

Echte Freundschaft weiß immer um die Freiheit des Freundes.

27. FEBRUAR

Der weise Mensch sieht tiefer, in den Grund, der unser Leben zusammenhält.

28.
FEBRUAR

Fehler dürfen sein. Sie machen uns menschlicher und barmherziger zueinander.

29.
FEBRUAR

Jesus sagt zu uns an jedem Morgen: Ich selbst nehme dich an die Hand, dass du aufstehen kannst.

01 MÄRZ

Gott schenkt uns immer wieder
einen neuen Anfang.

02. MÄRZ

Wir dürfen vertrauen, dass Gott unsere Schritte auf den Weg des Friedens lenken werde, dass wir selbst von seinem Frieden erfüllt sind und diesen Frieden auch zu den Menschen bringen dürfen, zu denen wir gesandt sind.

03.
MÄRZ

Wer alle Schuld bei sich sucht, der ist nicht offen, die Probleme wirklich anzuschauen und die Schritte zu tun, die weiterhelfen.

04. MÄRZ

Der Humor befreit uns zur Menschlichkeit.

05. MÄRZ

Und so ziehe ich mich von der Angst auf mein Ich – oder besser gesagt: auf mein Selbst – zurück. Die Mystiker sprechen von dem inneren Raum, zu dem die Angst keinen Zutritt hat. Wenn ich durch die Angst hindurch in diesen Raum der Stille jenseits aller Gefühle gelange, verliert die Angst an Macht über mich.

06. MÄRZ

Gastfreundschaft heißt, dass ich einen Fremden bereitwillig aufnehme, dass ich ihm meine Zeit schenke, dass ich das Fremde, das er in mein Haus bringt, achte und schätze. Ich bewerte und beurteile den Gastfreund nicht, sondern nehme ihn an, wie er ist. Gastfreundschaft schafft dem Fremden Heimat. Sie gibt ihm einen Raum, in dem er zu Hause sein kann, geschützt, geborgen, willkommen. Gastfreundschaft beschenkt aber auch den, der sie übt.

07. MÄRZ

Das Ziel jeder Beziehung, ganz gleich wie sie sich gestaltet, ist die innere Freiheit. Sonst wird die Beziehung zu einer Abhängigkeit, die mich ständig verletzt.

08. MÄRZ

Es ist unsere Aufgabe, uns mütterlich dem verletzten Kind in uns selbst zuzuwenden und es liebevoll in den Arm zu nehmen. Wenn ich mich mit dem verletzten Kind in mir ausgesöhnt und es umarmt habe, dann werde ich auch gelassener und geduldiger.

09.
MÄRZ

Fasten soll uns gütiger und barmherziger machen.

10. MÄRZ

Indem wir Jesu Barmherzigkeit in uns einströmen lassen, werden wir selbst barmherziger – mit uns und mit den Gedanken und Gefühlen, die während der Meditation in uns ständig auftauchen.

11. MÄRZ

Der neue Morgen erinnert uns daran,
dass Gott in uns alles erneuern möchte.

12. MÄRZ

Die Welt ist voller Klang.
In ihr erklingt Gottes Wort.

13. MÄRZ

Reinigung kann schon dadurch geschehen, dass jemand über sich ehrlich erzählt.

----

14. MÄRZ

Viele sind ihr ganzes Leben lang auf der Flucht vor sich selbst. Weil sie Angst haben vor der eigenen Wahrheit, sind sie Sklaven ihrer eigenen Betriebsamkeit geworden. Es muss immer etwas los sein. Frei werden wir erst, wenn wir uns der eigenen Wahrheit stellen.

15. MÄRZ

Wir können uns der eigenen Wahrheit nur dann ohne Angst stellen, wenn wir daran glauben, dass alles, was in uns ist, von Gottes Liebe umfangen wird.

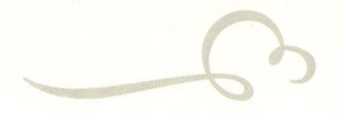

16. MÄRZ

Die Liebe eröffnet in unserem Herzen einen Raum, in dem wir Ruhe finden. Und sie bringt uns in Berührung mit unserem wahren Wesen.

----

17 MÄRZ

Gottes Stimme erklingt in der Schöpfung, in allem, was an unser Ohr dringt, im Wind, im Rauschen der Bäche, im Regen, im Gesang der Vögel.

18 MÄRZ

Selbst wenn ich mich selbst nicht aushalte, Christus hält mich aus.

19. MÄRZ

Setzen Sie sich still hin. Treten Sie ein in die Kammer Ihres Herzens und schließen Sie die Tür. Gönnen Sie sich eine halbe Stunde, um einfach nur allein zu sein mit Gott. Folgen Sie Ihrem Atem und stellen Sie sich vor, wie Sie beim Ausatmen die Geröllschicht beiseite räumen, die über Ihrer inneren Quelle der Liebe liegt.

20. MÄRZ

Das Licht Gottes in Jesus Christus leuchtet in meine Finsternis hinein, um auch in den Abgründen meines Herzens Gottes Liebe wohnen zu lassen.

21 MÄRZ

Wenn die Sonne scheint, hellt das auch unsere Stimmung auf.

22. MÄRZ

Es ist schön, immer mehr in die einmalige Gestalt hineinzuwachsen, die Gott dir zugedacht hat. Jeder Baum ist einmalig. Auch du bist einmalig. Du sollst die Gestalt erkennen, die dich auszeichnet. Dann bekommst du Lust, dieser einmalige Mensch zu werden.

2.3. MÄRZ

Unser Leben gelingt nur, wenn wir uns mit allem annehmen, mit dem Gelingen und mit dem Versagen.

24. MÄRZ

Freundschaft kann man nicht fordern. Sie wächst. Nächstenliebe ist eine Verpflichtung jedem gegenüber. Aber Freundschaft ist ein Geschenk. Und Freundschaft muss wachsen. Sie braucht die Gegenseitigkeit und die Freiwilligkeit. Sonst ist es keine Freundschaft.

25. MÄRZ

Nur wer durch den Schmerz hindurchgeht, wird auf den Grund seiner Seele gelangen und dort mit dem Potenzial in Berührung kommen, das in seiner Seele bereitliegt. Und er wird dann seine Kraft entdecken, die in ihm ist.

26.
MÄRZ

Du bist nicht dazu da, die Erwartungen anderer oder gar die Erwartungen des Systems zu erfüllen. Du bist da, dein Wesen zu verwirklichen, das einmalige Bild sichtbar werden zu lassen, dass Gott sich von dir gemacht hat.

....

....

....

....

27 MÄRZ

Bewusst handeln heißt, achtsam zu sein, ganz in dem zu sein, was man gerade tut.

28. MÄRZ

Nimm deine Krise als Schlüssel. Vielleicht schließt sie dir Kammern deines inneren Lebenshauses auf, die dir bisher verschlossen waren, in denen du noch nie gewesen bist. Auch diese Räume gehören zu dir. Du kannst darin Schätze entdecken, die dir bisher verborgen waren. In einem Zimmer ist vielleicht der Schatz der Geduld, in einem anderen findest du Weisheit, in einem dritten Liebe.

29. MÄRZ

Ein Herz, das liebt, sieht in allem das Gute.

....

....

....

....

30. MÄRZ

Gott vergibt immer.

31. MÄRZ

Weise Menschen verstehen das Leben. Sie erkennen die Zusammenhänge. Und sie schauen das Heile und Ganze mitten in den Bruchstücken unseres Lebens.

01. APRIL

Weil Gottes Liebe auch noch im tiefsten Chaos wohnt, darf auch ich diese verborgenen Kammern meines Herzens betreten und darin wohnen. Denn es gibt nichts, was mich von Gottes Liebe trennt.

02. APRIL

Geduld, vorsichtiges Sich-Nähern, Behutsamkeit, Zeit für den Freund, Wartenkönnen, das alles können wir lernen, damit Freundschaft wachsen kann.

03. APRIL

Horche in dich hinein und frage dich, was für dich wirklich stimmt und was du wirklich möchtest.

04. APRIL

Die Liebe vergleicht nicht und rechnet nicht. Sie liebt, weil sie liebt.

05.
APRIL

Wer gelernt hat, mitten im Tun sich selbst und seine Ansprüche loszulassen, der kann seine Arbeit gelassen tun.

06. APRIL

Wer sich seiner Wahrheit gestellt hat, weiß, dass er sich selbst nicht verstecken muss, und dass er nichts in sich zu verbergen hat. Denn alles darf sein, alles ist von Gottes Licht durchdrungen. In allen Abgründen seines Herzens wohnt Gott.

07.
APRIL

Das, was du in der Tiefe deines Herzens als stimmig für dich erkennst, das ist auch der Wille Gottes.

08.
APRIL

Unsere Aufgabe ist es, nach der Liebe, die Gott uns als Gabe geschenkt hat, auch zu streben, sie auch in unserem konkreten Leben zu verwirklichen.

....

....

....

....

09. APRIL

Jetzt und hier gilt es, sich von Gott beschenken zu lassen.

----

10. APRIL

Gott hat uns den neuen Morgen geschenkt, um uns daran zu erinnern, dass seine Gnade alles in uns erneuert.

----

11 APRIL

Jesus fordert jeden Einzelnen heraus, seinen persönlichen Weg zu gehen, ohne nach rechts und links zu sehen, was die anderen tun.

12. APRIL

Nicht das Vergangene kann der Mensch ändern, wohl aber seine Einstellung dazu.

....

....

....

....

13. APRIL

Das, was du wirklich möchtest, erkennst du daran, dass es dich lebendig macht und Lust in dir hervorlockt und dass es dir inneren Frieden schenkt.

14.
APRIL

Wenn ich eine Blume ertaste oder das Gras, das im Wind hin- und herwiegt, dann kann ich auch etwas von der Zärtlichkeit Gottes erspüren.

----

15. APRIL

Weise ist der Mensch, der mit dem Auf und Ab des Lebens einverstanden ist.

16. APRIL

Alles, was wir tun und denken, hat Auswirkungen auf die Umwelt. Daher sind wir für die Welt um uns herum verantwortlich. Wir beeinflussen ihre Stimmung. Wir prägen sie mit.

17
APRIL

Dort, wo ich ganz ich selbst bin,
bin ich unverletzlich.

18. APRIL

Die Feinde zu lieben, sich mit ihnen zu versöhnen, ist eine große Herausforderung. Hebe die Hände und versuche, in dieser Segensgebärde den Segen Gottes auch zu denen strömen zu lassen, die gegen dich arbeiten, die dich verleumden und beschimpfen. So kannst du wieder in dir selbst Frieden spüren und diesen Menschen innerlich frei und versöhnt begegnen.

19. APRIL

Die wahre Freiheit drückt sich darin aus, dass ich frei bin von mir selbst, dass ich mich in dieser Freiheit für andere einsetzen kann, dass ich mich frei an ein Werk hingeben und mich vergessen kann im Dienst an den Menschen.

20. APRIL

Wir können Gott erfahren in Erlebnissen, in Begegnungen mit Menschen, in den Stimmen unserer Seele, in den Bildern unserer Träume.

21
APRIL

Freundschaft braucht gute Rituale. Allerdings dürfen das keine Zwangsrituale werden. Aber die Freundschaft braucht Ausdrucksformen. Sonst stirbt sie leicht ab. Rituale geben der Freundschaft Sicherheit. Und sie öffnen einen Raum, in dem die Gefühle ausgedrückt werden können.

22. APRIL

Der Mensch muss sich seinen Lebensraum selbst erobern. Er ist frei, in die Welt hinauszugehen und dort zu leben, wo er sich am besten entfalten kann.

----

23. APRIL

Lebensträume sind eine wichtige Motivation, an sich selbst zu arbeiten und die eigenen Fähigkeiten zu entwickeln.

24.
APRIL

Wenn ich still meditiere, werden Gedanken und Gefühle in mir hochkommen. Aber ich stelle mir vor: Sie sind wie Wellen, die oben auf dem Meer tosen und schäumen. Und: Je tiefer ich in der Meditation nach unten steige, desto ruhiger wird es in mir.

25.
APRIL

Wenn ich den ersten kleinen Schritt einmal gemacht habe, kommt in mir etwas in Bewegung. Dann merke ich, dass ich nicht einfach der Krise ausgesetzt bin, sondern aktiv darauf reagieren kann. Wenn ich mich in der Krise auf den Weg mache, zeigen sich mir auch Wege aus der Krise hinaus.

26. APRIL

Der neue Tag bietet neue Chancen. Der neue Tag verheißt uns, dass Gott alles neu machen wird und uns neue Möglichkeiten und Gelegenheiten schenken wird.

27. APRIL

Die Vergangenheit hat nur so viel Macht über mich, wie ich ihr gebe.

28.
APRIL

Wer als Sohn und Tochter auf Gottes Stimme hört, wird unabhängig von den Stimmen der Menschen, die ihn bewerten, ihn beurteilen, ihn kritisieren, ihn in eine bestimmte Richtung drängen wollen.

29.
APRIL

Erkunde dein Lebenshaus und verweile bewusst in den Räumen, die dir bisher unbekannt waren. Dann wirst du erkennen, was in dir steckt und was zum Reichtum und zur Vielfalt deines Lebens gehört.

----

30. APRIL

Freude erweitert das Herz und öffnet uns für die Begegnung mit den Menschen.

01.
MAI

Vergebung dient der Heilung.

02. MAI

Der Geist, den wir durch Christus empfangen haben, ist wie ein Kraftbereich, in dem wir stehen, und in dem wir frei sind von den Mächten dieser Welt.

03.
MAI

Der neue Tag lädt uns ein,
einen neuen Anfang zu wagen.

04. MAI

Einen Menschen zu lieben heißt,
ihm immer etwas zuzutrauen.

....

....

....

05. MAI

Wenn du geduldig hineinhörst in die Sprache deiner Krise, dann wirst du den Schatz in dir entdecken, dein wahres Selbst, deinen unverfälschten Kern, der sich zu Wort meldet, um aufs Neue beachtet zu werden. Die Krise lädt uns dazu ein, stimmiger und authentischer zu leben.

----

06. MAI

Bei neuen Freundschaften ist immer ein Vertrauensvorschuss nötig. Ich kann solches Vertrauen aber nur aufbringen, wenn ich weiß, dass nicht mein ganzer Wert davon abhängt, dass der andere mein Freund ist. Ich muss in mir selber ruhen können, um mich auf einen anderen einzulassen. Denn sonst gebrauche ich den Freund, damit ich leben kann. Doch Freundschaft darf nicht gebraucht werden, sonst wird sie auch leicht missbraucht.

07. MAI

Du sollst deinen eigenen Weg gehen. Jesus selbst hat den Menschen Mut gemacht, ihrer eigenen inneren Berufung zu folgen. Sie sollen auf die innere Stimme hören, auf den Antrieb, den sie in sich spüren.

08.
MAI

So bitten wir Gott, dass er am Morgen unsere Hände segnen möge, damit alles, was sie berühren, anfassen, anfangen und gestalten, zum Segen wird und Segen bringt.

29. MAI

Das Ritual bringt mich in Berührung mit dem heiligen Raum in mir, der der Welt entzogen ist. Das ist heilsam für mich. Ich spüre den heiligen Raum der Stille in mir, in dem ich heil bin und ganz, frei und im Einklang mit mir selbst.

10. MAI

Auch wenn du Gott nicht spüren kannst, so kannst du doch die Spur spüren, die Gott in deinem Herzen hinterlassen hat. In der Sehnsucht nach Gott ist schon Gott. In der Sehnsucht spürst du schon etwas vom Geheimnis Gottes, das in dir ist.

11. MAI

Nur wer mit sich selbst versöhnt ist, kann sich auch mit anderen Menschen versöhnen.

12. MAI

Du bist so, wie du bist,
gut und richtig.

13.
MAI

In unserem Handeln sollten wir
ein gutes Gespür für die eigenen
Grenzen entwickeln.

14. MAI

Wenn ich ganz in meinem Leib, ganz in meinen Sinnen bin und so durch die Natur gehe, dann fühle ich mich mit allem eins.

....

....

....

....

15. MAI

Gott ist das Geheimnis, das uns umgibt und das wir in der Tiefe unserer Seele entdecken, wenn wir lange genug in uns hineinhorchen.

....

....

....

....

16. MAI

Augustinus sagt: „Deine Sehnsucht ist ein ununterbrochenes Gebet." Versuche in diesen Tagen bei allem, was du tust, mit der Sehnsucht deines Herzens in Berührung zu kommen. Spüre, dass dein Herz, deine Sehnsucht diese Welt übersteigt und du so jetzt schon in Gott geborgen bist.

17. MAI

Das ist das Geheimnis der
Menschwerdung Gottes, dass
Gott in einem menschlichen
Angesicht sichtbar geworden ist,
dass Gott ein menschliches Herz
bekommen hat, das zu fühlen,
zu leiden und zu lieben vermag.

18.
MAI

Wenn ich mit mir selbst in Berührung bin, spüre ich auch eine Sehnsucht in mir, die über diese Welt hinausgeht. Es ist die Sehnsucht nach Liebe, nach Glück, nach Erfolg, nach Geborgenheit, nach Sinn. Diese Sehnsucht wird nie durch etwas rein Irdisches erfüllt. Sie ist letztlich die Spur, die Gott in mein Herz gegraben hat.

19. MAI

Indem wir in der Liebe bleiben, verwandelt sich unser Leben.

20.
MAI

Wenn du dir verbietest, dich mit anderen zu vergleichen, dann wirst du eins werden mit dir und einverstanden sein mit deinem Weg.

21. MAI

Über mein Gewissen kann niemand bestimmen. Was sich in meinem Herzen tut, das ist unabhängig von allen anderen. In meiner persönlichen Beziehung zu Gott bin ich ganz frei.

22. MAI

Das Allerheiligste ist nicht nur der Himmel, in den Jesus eingetreten ist, es ist auch ein Raum in jedem von uns.

23. MAI

Weisheit ist nicht nur das Wissen, sondern die Bereitschaft, mit Gottes Augen die Welt zu sehen.

....

....

....

....

24. MAI

Gott ist der Geist, der alles durchdringt, die Liebe, die die ganze Natur durchströmt und im Grund unserer Seele fließt. Gott ist die Energie, die alles antreibt.

25. MAI

Wenn du Christus in deinem Herzen trägst, dann kann niemand die Kraft aus dir herausziehen. Dann wirst du sicher durch die Fluten des Alltags kommen.

26.
MAI

Man muss sich ein Leben lang darauf vorbereiten, mit der Einsamkeit des Alters gut umzugehen.

27. MAI

Das Wort der Liebe bringt den anderen zum Leben.

28. MAI

Gottes Geist durchdringt alles in mir und er möchte in meinem ganzen Leib als Tempel wohnen.

29. MAI

Wenn ich mir am Morgen ein Ritual gönne – etwa ein kurzes Gebet oder eine Gebärde oder eine Meditation –, dann ist diese Zeit des Rituals für mich eine heilige Zeit. Die heilige Zeit des Rituals gehört mir. In ihr kann ich aufatmen. In ihr haben die Menschen keine Macht über mich.

30. MAI

In jeder persönlichen Krise steckt die Chance, dass ich mein Leben neu ordne, dass ich neue Maßstäbe für mein Leben entwickle und dass ich authentischer werde. Jede Krise zerbricht Illusionen, die ich mir von mir und meinem Leben gemacht habe. Das Zerbrechen dieser Illusionen ist eine Chance, dass ich für mein wahres Selbst und für eine andere Sicht meines Lebens aufgebrochen werde.

31. MAI

Jeder Mensch kann seine ganz persönliche Spur in diese Welt eingraben.

01.
JUNI

Wer den Schatz in sich findet,
der ist wahrhaft frei.

02. JUNI

Ich spüre, dass ich gelassener leben kann, wenn ich nicht nur meiner Kraft vertraue, sondern auch der Kraft des Heiligen Geistes, die als Quelle in mir sprudelt, damit ich aus ihr schöpfen kann.

03. JUNI

Das Leben hat in sich einen Sinn. Wenn du das einmalige Leben lebst, das Gott dir zugedacht hat, dann ist es in sich sinnvoll. Der Mensch soll im Einklang mit seinem wahren Wesen leben. Dann ist sein Leben sinnvoll.

04.
JUNI

Wir dürfen darauf vertrauen, dass wir mit allem, was uns ausmacht, von Gott angenommen und geliebt sind.

05.
JUNI

Liebe löst jede Erstarrung.

06. JUNI

Jesus will uns mit seinem Ruf die Augen öffnen, damit wir die Wirklichkeit so sehen, wie sie ist, damit wir hinter die Dinge schauen und Gott in allem erkennen.

07. JUNI

Wer sein Haus auf den Sand der Illusionen baut, der wird erleben, wie sein Haus irgendwann zusammenbricht. Nur wer auf den Felsen Jesus Christus baut, ist wahrhaft klug und weise. Sein Haus wird nicht zusammenfallen, auch wenn die Stürme äußerer Krisen es umwehen oder die Wellen und Wogen negativer Strömungen es umzureißen drohen.

08.
JUNI

In mir ist ein Punkt, der weder von Ärger noch von Traurigkeit, noch von Leere infiziert ist. Dies ist der innerste Punkt der Stille, in dem ich heil bin und ganz, rein und klar und frei von den Erwartungen anderer Menschen, frei auch von negativen Stimmungen.

....

....

....

....

09.
JUNI

Dein Leben ist nicht allein von deinem Willen abhängig. Da ist noch ein anderer Wille. Es ist Gott, der deine Pläne durchkreuzt. Aber dieser Gott ist kein Willkürgott, der dir nichts gönnt. Er ist der Gott des Lebens, der dich das Geheimnis des Lebens lehrt. Was möchte dich deine Krise lehren? Vielleicht möchte sie dich lehren, bewusster und achtsamer zu leben und dich nicht ständig von außen bestimmen und treiben zu lassen.

10. JUNI

Im Schweigen kann ich Abstand zu meinen Gefühlen gewinnen.

11. JUNI

Gräme dich nicht, wenn du dich selbst und den Menschen neben dir und wenn du Gott verraten hast. Das ist vorbei. Jetzt beginnt ein neuer Morgen, an dem Gottes Treue für dich da ist.

....
....
....
....

12. JUNI

Wenn du heute spazieren gehst, gehe bewusst und spüre, was du da eigentlich machst. Werde dir bewusst über den Aufbruch, das Unterwegssein, setze deine Schritte bewusst. Erlebe deinen Spaziergang als kleine Pilgerreise auf Gott hin und spüre dankbar die Erfahrung, nach Hause zu kommen.

13. JUNI

Gott fordert nicht,
Gott schenkt.

14. JUNI

Rituale erinnern mich daran, dass ich immer und überall von Gottes heilender und liebender Nähe umgeben bin, dass ich von Gott gesegnet bin und dass alles, was ich in die Hand nehme, von Gott gesegnet ist und dass ich so für die Menschen zum Segen werden kann.

15.
JUNI

Das Leben muss fließen,
nur so bleibt es lebendig.

16. JUNI

Das Gesetz der Freiheit meint, dass ich frei bin, das zu tun, was notwendig ist, und den zu lieben, der meiner Liebe bedarf.

17
JUNI

Unser ganzes Leben ist
ein ständiges Loslassen.

18. JUNI

In Jesus Christus leuchtet uns das reine und unverstellte Bild des wahren Menschen auf.

----

19. JUNI

Wer Christus nachfolgt, der soll in der Nachfolge wahrhaft frei werden, zum freien und königlichen Menschen, der aufrecht ist und frei für die Liebe.

20.
JUNI

Menschen, die einander lieben,
berühren in ihrer Gegenseitigkeit
das Ewige.

21. JUNI

Zur Freundschaft gehören die Treue und das Aushalten. Wer meint, er müsse sich jedem anpassen, um bei ihm beliebt zu sein, der wird keine wirkliche Freundschaft erfahren. Wir müssen uns selbst treu sein, anstatt uns immer wieder zu verbiegen.

----

22. JUNI

Viele lernen heute nicht,
Einsamkeit zu ertragen,
weil sie immer auf der
Flucht vor ihr sind.

23. JUNI

Gott hat uns die Sehnsucht geschenkt, damit wir nicht aufhören, nach ihm zu suchen, aber auch, damit wir ihn darin erfahren.

24. JUNI

Aber wenn ich mir immer wieder vorstelle, dass in mir ein Raum ist, in dem Gott in mir wohnt, zu dem all die Anfeindungen, Verleumdungen und Kränkungen keinen Zutritt haben, dann erahne ich mitten in dem emotionalen Durcheinander, das mich umgibt, doch, dass mir das alles nicht schaden kann.

....
....
....
....

25.
JUNI

Die wichtigste Bedingung, einen Freund geschenkt zu bekommen, ist sich selber Freund zu sein.

26.
JUNI

Jeder darf für den anderen zum Kanal werden, durch den Gottes Geist hindurchfließt, um die Menschen mit göttlicher Liebe und göttlichem Segen zu erfüllen.

27. JUNI

Wir erleben eine Ahnung von Ewigkeit manchmal in sehr tiefen Erfahrungen, etwa in der Erfahrung der Liebe oder im Anblick eines Sonnenuntergangs. In diesem Augenblick steht die Zeit still, dann ist alles eins. So können wir uns den Himmel vorstellen: als absolute Gegenwart, als Erfüllung unserer Sehnsucht, als Lebendigkeit und Fülle.

28. JUNI

Den anderen ernst nehmen, ohne seine Gefühle zu bewerten, das ist die Voraussetzung echter Freundschaft und Partnerschaft.

29. JUNI

Überlege dir, wofür du dich einsetzen willst. Jeder Mensch hat auch einen persönlichen Auftrag in dieser Welt.

30. JUNI

Nur wer liebt, sieht wirklich,
weil er die Dinge von innen
her versteht.

----

01. JULI

Das Leben ist ein Abenteuer: Du wirst immer neue Seiten entdecken.

02.
JULI

Ein japanisches Sprichwort sagt: „Mit einem Freund an der Seite ist kein Weg zu lang." Der Freund an der Seite gibt uns Kraft, trotz aller Schwierigkeiten weiterzugehen. Er hält uns, wenn wir mit dem Rücken zur Wand stehen. Er motiviert uns, den Kampf des Lebens zu wagen.

03.
JULI

Gottes gutes Wort und sein Licht dringen bis in die Tiefe unserer Seele.

04.
JULI

Wie die Tatsachen auf uns wirken, hängt immer von den Vorstellungen ab, die wir uns über sie machen. Und da die Vorstellungen von uns abhängen, sind wir auch dafür verantwortlich, wie sehr wir uns von den Tatsachen beeinflussen und bestimmen lassen.

05.
JULI

Hingabe heißt, die eigenen
Vorstellungen loszulassen.

06. JULI

Wenn wir ja sagen zu uns, so wie wir sind, kann selbst das Schwache und Falsche in uns zu einer Quelle des Segens werden.

07.
JULI

Es braucht eine gesunde Spannung zwischen der begehrenden Liebe, die auch das eigene Glück sucht, und der selbstlosen Liebe, die sich in der Erfahrung der Liebe selbst vergisst und so eins wird mit dem Geliebten.

08.
JULI

Die Liebe kann mein Leben verzaubern. Wenn ich mich geliebt fühle, spüre ich den Sinn in meinem Leben. Aber ich fühle mich zugleich abhängig von einem andern. Wenn ich mich nur dann wertvoll fühle, wenn ein anderer mich liebt, ist das gegen meine Würde.

09. JULI

Erlebe alle Räume, in die du heute eintrittst, das Büro, die Produktionshalle, das Kaufhaus, dein Auto, als Räume, die vom Segen Gottes umfasst sind. So werden die negativen Emotionen ausgeschlossen. Die Räume stehen unter dem Segen Gottes, die Menschen, denen du begegnest, sind gesegnet, du selbst gehst und arbeitest unter einem Segen.

10. JULI

In allem, was wir sehen, schauen wir letztlich einen Ausdruck Gottes.

11
JULI

Meditation ist das Eintauchen in die innere Ruhe, die auf dem Grund unseres Herzens in uns verborgen ist.

12. JULI

Wenn ich aus der Quelle des Geistes Jesu schöpfe, dann bekomme ich frische und neue Ideen. Ich werde nicht so schnell müde. Ich vertraue darauf, dass in mir innovative Gedanken sind, die mir neue Wege im Alltag aufzeigen.

13. JULI

Stelle dir vor, dass du durch all deine Gefühle, durch deine Empfindlichkeit und Verletzlichkeit, durch deine Sehnsucht nach Anerkennung und Bestätigung hindurch zum Grund deiner Seele gelangst. Dort im Grund deiner Seele wohnt Gott in dir. Und wo Gott wohnt bist du frei.

14. JULI

Jeder Mensch braucht im Haus seiner Seele besondere Räume des Schutzes und der Geborgenheit.

15. JULI

Gottes Liebe ist an keine Bedingungen geknüpft.

16. JULI

Jesus mahnt uns am Morgen: Steh auf. Lass das Kreisen um deine Fehler, um deine Schwächen um deine Ängste. Steh auf. Ich selbst nehme dich an der Hand, damit du aufstehen kannst.

17. JULI

Der Weg der Freiheit führt über die Unterscheidung zwischen dem, was in unserer Macht ist, und den äußeren Dingen, über die wir keine Macht haben. Die äußeren Dinge werden aber auch über uns keine Macht haben, wenn wir ihnen keine geben. Es ist immer unsere Entscheidung, ob wir einem Ereignis Macht geben oder nicht.

18. JULI

Gottesfurcht befreit von Menschenfurcht. Wenn mir Gott wichtig ist, bekomme ich ein starkes Stehvermögen. Dann verbiege ich mich nicht so schnell.

19.
JULI

Der Glaube übersteigt die Vernunft, aber ist nicht wider die Vernunft.

----

20. JULI

Wenn unser Leben ein Fest ist, das Gott mit uns feiert, wenn wir teilhaben am großen Fest der Schöpfung, dann bekommt unser Leben eine göttliche Würde, dann ist unser Leben wert gefeiert zu werden.

21. JULI

Das Versäumte bleibt versäumt.
Aber wir können jetzt, in diesem
Augenblick, aufstehen und leben.

22. JULI

Im Grund deiner Seele wohnt Gott in dir. Wo Gott in dir wohnt, bist du frei. Dort haben die Menschen mit ihren Ansprüchen und Erwartungen keinen Zutritt. Dort kann dich keiner verletzen. Dort im Grund deiner Seele hat dein Lebenshaus einen festen Grund.

23.
JULI

Wahres Selbstvertrauen bedeutet, dass ich mir selbst traue. In mir ist ein innerer Kern, mein wahres Selbst. Und dieses selbst ist unabhängig von der Meinung der anderen. In diesem selbst bin ich in meiner Mitte. Dort bin ich authentisch, ganz ich selbst.

----

24. JULI

Auf die vielen kleinen Zurücksetzungen des Alltags können wir bitter reagieren – oder aber sie als Einladungen verstehen, unser Ego loszulassen und Ja sagen zum Ärmerwerden. Dann erleben wir die innere und äußere Armut nicht als Qual, sondern als innere Freiheit. Nur wer sein Ego losgelassen hat, der ist wahrhaft frei und in dem wird Gott herrschen. Und dann ist er heil und ganz.

25. JULI

Durch das Nachdenken über den Heiligen Geist erkenne ich mein wahres Wesen. Sein Geist erfüllt mich, treibt mich an, mutig die Schritte zu gehen, die mich in eine immer größere Freiheit, Lebendigkeit, in den Frieden und die Liebe hineinführen.

26. JULI

Durch die Quelle des Heiligen Geistes komme ich in Berührung mit den Selbstheilungskräften, die in mir sind. Jeder von uns hat diese heilende Quelle in sich. Aber wir sind oft genug von ihr abgeschnitten. Jesus hat die Menschen durch sein Wort mit ihrer inneren Quelle in Berührung gebracht.

----

27. JULI

Das Leben zerbricht unser Ego. Es zerstört die Illusionen, die wir uns über uns selbst gemacht haben. Und sich vom Leben das Ego aufbrechen zu lassen, ist immer schmerzlich, aber es ist unsere Aufgabe.

----

28. JULI

Wenn Gott in mir wohnt, bin ich frei und kann aufatmen.

29. JULI

Zwei Menschen, die sich wirklich begegnen, berühren etwas, was sie übersteigt.

30. JULI

Glauben heißt nicht nur, an Gott zu glauben, sondern auch, an den Menschen zu glauben.

_____
_____
_____

31.
JULI

Der Freund an der Seite ist wie ein Vogel, der mich auf dem beschwerlichen Weg meines Lebens emporhebt, damit ich leichten Schrittes den Weg weitergehen kann, ohne über jeden Stein zu stolpern, der sich mir in den Weg legt. Das Gespräch mit dem Freund relativiert die Probleme und lässt sie mich in einem anderen Licht sehen.

01. AUGUST

Unser Leben ist einmalig.

02. AUGUST

Echtes Selbstvertrauen hat immer mit innerer Freiheit zu tun und mit der Erfahrung, mit mir selbst in Berührung zu sein.

----

03. AUGUST

Eine Weise, unser Leben zu feiern, sind heilende Rituale. Sie geben uns das Gefühl der Freiheit, das Gefühl, dass wir unser Leben aus freiem Entschluss so formen und gestalten, dass es unser eigenes Leben ist, dass wir selbst leben, anstatt von äußeren Zwängen gelebt zu werden.

04. AUGUST

In der christlichen Tradition ist es der Heilige Geist, der den Verzagten Mut macht, der den Schwachen Kraft gibt und der denen, die schwarzsehen, Hoffnung schenkt.

....

....

....

05.
AUGUST

Erst wenn ich alles an mir und in mir annehme, kann es sich wandeln.

06.
AUGUST

Wer an Erfahrung gewinnen will, muss offen sein, sich aufmachen, um Neues in sich einzulassen.

07
AUGUST

Die Treue schafft einen Raum, in dem ich und der andere wachsen können.

08.
AUGUST

Gottes Licht möge uns heute begleiten, wenn finstere Gedanken in uns auftauchen und unseren Geist zu verdunkeln suchen.

....
....
....
....
....

29. AUGUST

Gott steht hinter mir. Er schenkt mir die Kraft, das Leben zu wagen und mein Leben selbst in die Hand zu nehmen.

10. AUGUST

In der Spiritualität machen wir die Erfahrung innerer Freiheit. Wir definieren uns nicht von den Maßstäben dieser Welt, von den Erwartungen der Menschen, von Erfolg oder Misserfolg, Anerkennung oder Ablehnung. Gerade weil wir frei sind von der Herrschaft dieser Welt, können wir sie gestalten und uns für eine menschlichere Welt einsetzen.

11. AUGUST

Weisheit erwächst oft nicht einem erfolgreichen Leben, sondern gerade, wenn manches in uns zerbricht. Wir werden dann aufgebrochen für die tieferen Dimensionen unseres Lebens, für die Hintergründigkeit des Seins, für unser wahres Selbst, für das Geheimnis der Liebe Gottes.

12. AUGUST

Gott ist wie ein Schutzraum, in dem wir ganz wir selbst sein dürfen.

....
....
....
....

13. AUGUST

Freiheit und Liebe begegnen sich in der Freundschaft. Der Freund ist frei. Er lebt sein eigenes Leben. Und doch weiß er sich vom Freund oder von der Freundin geliebt. Die Liebe engt ihn nicht ein. Sie verpflichtet ihn nicht. Was er für den Freund tut, das tut er aus Liebe und aus freiem Willen.

14 AUGUST

Gottes Segen ist wie das Licht, das alles erleuchtet.

15. AUGUST

Wer Gott in sich Raum gibt, wer Gott in sich herrschen lässt, der wird frei von der Macht der Menschen.

....

....

....

16. AUGUST

Glaube daran, dass du für diese Welt wichtig bist, dass du eine einmalige Ausstrahlung hast. Darin liegt der Sinn deines Lebens, dass du dein eigenes Leben lebst und dass du auf deine einzigartige Weise Gott in dieser Welt aufstrahlen lässt.

----

17. AUGUST

Jeder muss seinen eigenen Weg gehen.

18. AUGUST

Jeder Mensch kann etwas in dieser Welt bewirken, was nur durch ihn bewirkt werden kann.

19. AUGUST

Der Blick auf das Wesentliche des Alltags sollte immer wieder erneuert werden. Der hl. Benedikt schreibt, die Mönche sollen mit den Dingen des Alltags, den Werkzeugen umgehen wie mit heiligen Altargefäßen. Sei ganz in Beziehung zu den Dingen und gehe behutsam und achtsam mit ihnen um, so kannst du mitten im Alltag Gott erfahren.

20. AUGUST

Gerecht ist der Mensch, der seiner eigenen Existenz gerecht wird.

21. AUGUST

Gott ist der Grund auf dem ich stehe und der mir Standfestigkeit verleiht.

22. AUGUST

Das Weihwasser möge uns reinigen, damit unser ursprüngliches und unbeflecktes Bild, das Gott sich von uns gemacht hat, wieder aufstrahle.

23. AUGUST

Wer von seinem Ego freigeworden ist, der sieht die Dinge so, wie sie wirklich sind. Er vermag klar zu urteilen und einen guten Rat zu geben.

24. AUGUST

Wer Vertrauen sät, wird Vertrauen ernten.

....

....

....

....

25.
AUGUST

Wir können unsere Leidenschaften so einsetzen, dass sie unserer eigenen Lebendigkeit und unserem Lebensentwurf dienen.

26
AUGUST

Wer im Haus der Liebe wohnt,
vermag auch anderen Menschen
ein bergendes Dach anzubieten.

27. AUGUST

Wenn wir die Bilder unseres Lebenstraums in uns einbilden, kommen wir mit dem göttlichen Kind in uns in Berührung, mit unserem wahren Selbst und mit den Quellen unserer Kraft und unserer Kreativität.

....

....

....

28.
AUGUST

Das Kreuz Jesu will uns sagen: Es gibt keine Schuld, die nicht vergeben wird.

29. AUGUST

Dort, wo wir den anderen Lieben, können seine Wunden heilen.

30. AUGUST

In der Edda heißt es „Jung war ich einst, einsam zog ich, rau war mein Weg. Glücklich war ich, als den Gefährten ich fand." Wenn ich alleine meinen Weg ziehen muss, wird alles schwerer. Mit dem Gefährten an der Seite finde ich leichter meinen Weg, und ich erfahre Schutz und Geborgenheit.

....

....

....

....

31. AUGUST

Ein einziges Wort eines geliebten Menschen kann glücklich machen, Licht bringen und Neues schaffen.

01. SEPTEMBER

Man kann nur nach vorne schauen, wenn man erkannt hat, woher man kommt.

....
....
....
....

02 SEPTEMBER

Wir segnen die Menschen, mit denen wir heute zu tun haben. Der Segen für andere Menschen tut uns selbst gut. Wir gehen mit Vertrauen auf die Menschen zu, die uns Gott heute zutraut.

03.
SEPTEMBER

Ich ruhe in mir. Ich ruhe in Gott.
Das gibt Unabhängigkeit.

04.
SEPTEMBER

Wenn Gott in den Räumen meines Hauses wohnt, dann werden sie mir zur Heimat. Dann fühle ich mich darin geborgen und von Liebe umgeben.

05.
SEPTEMBER

Die Psychologie sagt uns, dass jede Krise letztlich eine Identitätskrise ist. Es geht letztlich immer darum, eine neue Identität zu finden: Wer bin ich angesichts der Krise, in die ich geraten bin? Jede Krise macht etwas mit mir und stellt mich in Frage. Ich kann nicht einfach so wie bisher weiterleben.

06.
SEPTEMBER

Wenn wir uns unserer eigenen Wahrheit stellen, kommen wir wieder in Berührung mit den Ahnungen unseres Herzens, mit den Lebensträumen unserer Seele.

07. SEPTEMBER

Echte Freundschaft zeichnet sich durch innere Freiheit aus. Ich darf sagen, was ich fühle, ohne alles berechnen zu müssen. Ich bin frei, den Weg zu gehen, den ich als richtig erkannt habe. Ich kann frei atmen. Und ich lasse auch dem Freund den Freiraum, den er für sein Leben braucht.

08. SEPTEMBER

Nur wer frei ist,
kann sich binden.

09.
SEPTEMBER

Gott selbst ist unser Schild und Schutz.

10. SEPTEMBER

Stelle dir vor, dass Gottes heilende und liebende Gegenwart dich umgibt. Du bist ganz und gar von Gott angenommen.

----

11. SEPTEMBER

Reserviere dir täglich bewusst Zeiten für die Stille, in denen du in dich hineinhorchst, ob Gott dir etwas sagen möchte. Wenn du nichts hörst, halte es trotzdem aus. Gott spricht nicht sofort. Er wartet bis es in unserem Herzen ganz still geworden ist, damit sein Wort auch wirklich gehört werden kann.

12. SEPTEMBER

Die Zeit wird dir zum Freund,
wenn du nicht gegen sie,
sondern mit ihr lebst.

13. SEPTEMBER

Lass Dich auf das Gewöhnliche des Alltags ein. Vertraue darauf, dass du dort alles findest, was du suchst.

14 SEPTEMBER

Gelassenheit braucht Zeit. Sie verträgt keine Hektik. Ich muss mir Zeit lassen, um gelassen bei den Dingen zu sein.

15. SEPTEMBER

Gott hat dir einen unendlichen Wert gegeben. Du musst deinen Wert nicht vor anderen beweisen. Wenn Gott alles in dir annimmt, darfst auch du dich selbst nicht ablehnen, auch wenn du deiner eigenen Idealvorstellung nicht entsprichst.

16. SEPTEMBER

Gott segnet nicht das Vollkommene,
sondern das Unvollkommene, nicht
das Ganze, sondern das Zerbrochene.

----

17. SEPTEMBER

Du gehst unter dem Segen Gottes.

18. SEPTEMBER

Erinnere dich an die Augenblicke, in denen du voller Freude warst, in denen du ganz im Einklang warst mit dir, in denen du wolltest, dass die Zeit still steht und der Augenblick ewig dauert. Dort hast du das Geheimnis des Lebens gespürt.

19.
SEPTEMBER

Auch wenn du dich momentan nicht geliebt fühlst und keinen Menschen hast, mit dem du in Liebe verbunden bist, so traue der Liebe, die in dir ist. Du hast eine Ahnung von Liebe in dir. Du sehnst dich nach Liebe. In deiner Sehnsucht nach Liebe ist schon Liebe. Wenn du an der Liebe leidest, weißt du dennoch, was Liebe ist. Traue also der Liebe.

20. SEPTEMBER

Gerecht ist der Mensch, der seinem Wesen gerecht wird. Nur so wird er auch den anderen Menschen in seinem Alltag gerecht werden. Wer maßlos Ansprüche an sich selbst richtet, der wird nie satt. Nur wer seinem Wesen gerecht wird und so lebt, wie es seinem Innersten entspricht, der wird satt werden und inneren Frieden finden.

21. SEPTEMBER

Zur Freiheit gehört auch, dass ich so frei bin, den anderen zu kritisieren, wenn mir sein Verhalten nicht passt oder wenn ich spüre, dass er etwas tut, das ihm selbst nicht gut tut. Nur im Schutzraum des Vertrauens fühle ich mich dem Freund gegenüber frei, ihm das zu sagen, wozu mein Herz mich drängt. Und nur durch ein tiefes Vertrauen geschützt kann der Freund die Kritik annehmen, ohne sich angegriffen zu fühlen.

....

....

....

....

....

22. SEPTEMBER

Nur in Krisen können wir wachsen.

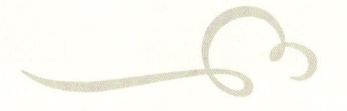

23. SEPTEMBER

Im Hören von Musik bekommt unsere Seele Nahrung. Sie kommt mit sich selbst in Berührung und sie beginnt zu leben. Im Hören kommt die Seele in Schwingung. Sie bekommt Flügel. Sie hebt sich über das irdische und Vordergründige hinweg.

24.
SEPTEMBER

Der Philosoph Erasmus von Rotterdam sagte einmal, der Kern des Glücks bestehe darin, der sein zu wollen, der du bist. Wenn du innerlich zu dir ja sagen kannst, so wie du bist, dann gelingt dein Leben.

25.
SEPTEMBER

Gelassenheit meint, dass ich die Dinge so lasse, wie sie sind. Ich muss die Wirklichkeit nicht ändern. Ich kann Menschen lassen wie sie sind. Gelassen kann ich sie betrachten, ohne den Druck, sie ändern zu müssen. Gelassenheit hat mit Toleranz zu tun. Ich lasse die anderen gelten, wie sie sind. Ich muss sie nicht ändern.

26.
SEPTEMBER

Durch Tränen bricht unsere harte
Kruste auf und es kann wieder
Leben in die Seele einströmen.

....

....

....

27.
SEPTEMBER

Der Verzicht ist Ausdruck,
dass wir wahrhaft frei sind.

28. SEPTEMBER

Im Herbst dürfen wir dankbar auf das schauen, was in unserem Leben gewachsen ist.

29. SEPTEMBER

Wenn ich meine Angst anschaue, zulasse, mich mit ihr anfreunde, dann verliert sie die Macht über mich. Dann bin ich mitten in meiner Angst doch von ihr frei.

....

....

....

....

30. SEPTEMBER

Erst wenn ich mich annehme als einen, den Gott so gewollt hat wie ich bin, kann ich mich selbst erkennen.

01.
OKTOBER

Das Gebet ist der Ort, an dem wir mit unserer inneren Quelle in Berührung kommen.

02.
OKTOBER

Vor Gott werden wir frei vom Einfluss derer, die uns täglich bedrängen.

03.
OKTOBER

Indem ich mir Zeit lasse, breche ich aus der Herrschaft der Zeit aus. Ich nehme die Zeit wahr. Ich genieße sie, weil sie mir geschenkt ist.

04. OKTOBER

Die Geduld ist wie eine Säule,
die das Leben trägt.

05. OKTOBER

Wenn Gottes zärtliche Arme mich umschließen, dann machen mir meine eigenen Dunkelheiten keine Angst mehr.

06. OKTOBER

Die Worte der Schrift sind wie
Licht auf unserem Lebensweg.

07.
OKTOBER

Geduld trägt den anderen. Er fühlt sich dann getragen und gehalten. Er darf auch mit seinen Schwächen da sein. Das schenkt ihm mitten in seiner Gebrochenheit Geborgenheit und Halt.

----

08 OKTOBER

Echte Freundschaft braucht die innere Einsamkeit. Rainer Maria Rilke sagt von der freundschaftlichen Liebe: „Die Liebe besteht darin, dass zwei Einsamkeiten sich gegenseitig schützen und lieben." Wenn der andere meine Einsamkeit respektiert und zugleich liebt, dann verliert sie das Bedrohliche. Sie wird der Ort, an dem ich ganz eins mit mir bin.

09.
OKTOBER

Wir dürfen hier in dieser Welt immer wieder aufstehen, wenn wir gefallen sind, wenn alles hoffnungslos geworden ist und wenn wir gescheitert sind.

10. OKTOBER

Dort, wo Gott in mir wohnt, kann ich daheim sein. Ich habe keine Angst mehr vor dem, was in mir ist.

11. OKTOBER

In dem Raum, in dem Gott in mir wohnt, da tritt das Ego zurück, und das wahre Selbst leuchtet auf. Ich komme in Berührung mit dem unverfälschten Bild Gottes in mir.

....
....
....
....
....

12. OKTOBER

Indem wir mit unserer eigenen Sehnsucht in Berührung kommen, können wir uns aussöhnen mit der Wirklichkeit unseres Lebens.

13. OKTOBER

Wer seiner Intuition vertraut, macht die Erfahrung, dass aus der Tiefe Ideen aufsteigen, die weiterhelfen. Wir dürfen darauf vertrauen, dass es der Heilige Geist ist, der uns das eingibt.

14.
OKTOBER

Die Krise ist immer dadurch gekennzeichnet, dass das bisherige seelische Gleichgewicht gestört wird. So muss der Mensch versuchen, ein neues Gleichgewicht herzustellen. Die Krise ist daher eine Chance, sich gleichsam neu auszubalancieren.

....

....

....

....

15. OKTOBER

Wir müssen aufhören zu geben, weil wir brauchen. Vielmehr sollten wir lernen zu geben, weil wir empfangen. Wir empfangen ununterbrochen Gottes Liebe.

16. OKTOBER

Die Pause ist der Raum des Atmens und ein Freiraum für die Seele.

....
....
....
....

17. OKTOBER

Das weite Herz ist das freie Herz.

18. OKTOBER

Indem ich den anderen berühre, komme ich auch mit mir selbst in Berührung.

19. OKTOBER

Spüre in dich hinein. Geh durch alle Gedanken und Gefühle, durch alle deine Pläne und deine Kraft hindurch in den Grund deiner Seele und stelle dir vor, dass dort die Quelle des Heiligen Geistes strömt.

----

20. OKTOBER

Wer sich selbst vergisst und auf das Leben einlässt, wird spüren, was Leben ist und welchen Reichtum es in sich birgt.

21. OKTOBER

Der spirituelle Mensch ist der, der eins geworden ist mit sich selbst.

....

....

....

....

22.
OKTOBER

Sag den Menschen, die du liebst, was du in deinem Herzen für sie empfindest. Sag ihnen, was sie dir bedeuten.

23.
OKTOBER

Jeder Weg ist ein Gleichnis für unser Leben.

24. OKTOBER

Wenn wir den vergangenen Tag unter den Segen Gottes stellen, dann hören wir auf, ihn selbst zu bewerten. Dann verstummen unsere Selbstvorwürfe und Selbstbeschuldigungen. In den Händen halten wir den Tag Gott so hin, wie er ist. Und wir vertrauen, dass sein Segen alles gut macht.

25.
OKTOBER

Traue dem Heiligen Geist zu, dass er durch dich zu wirken vermag. Dann wirst du dir auch selbst mehr zutrauen.

----

26. OKTOBER

Die Welt ist Ausdruck des Wortes Gottes.

27.
OKTOBER

Höre heute deine Lieblingsmusik – am besten mit Kopfhörern und geschlossenen Augen. Lass dich ganz von der Musik durchdringen, lass die Klänge auch in die Ecken einfließen, die verschmutzt sind von negativen Emotionen, vom alltäglichen Ballast. Und spüre die reinigende Kraft der Musik.

28.
OKTOBER

Im Wind können wir das Leben der Natur erspüren und zugleich das Wehen und Wirken des Heiligen Geistes.

29. OKTOBER

Träume können die Seele aufwühlen oder ihr neue Hoffnung schenken. Sie können unser Herz mit Licht erfüllen und uns einen Weg weisen, wie wir weitergehen sollen.

30. OKTOBER

Wer durch die Liebe ein weites Herz bekommt, hat Raum für die Menschen mit ihren Eigenheiten. Er ist gelassen. Er hat einen langen Atem.

----

31. OKTOBER

Du bist nicht an Normen gebunden, die dir vorgegeben sind: Du kannst dein Leben selbst gestalten.

01. NOVEMBER

Der Sanftmütige richtet nicht. Er nimmt den andern an, wie er ist – weil er selbst alles, was er in sich erfahren hat, angenommen und in sich gesammelt hat.

02. NOVEMBER

Freiheit von allen Abhängigkeiten, Freiheit von anderen Menschen, Freiheit letztlich von sich selbst, das ist das Ziel jeder Menschwerdung und zugleich das Ziel jedes spirituellen Weges.

03.
NOVEMBER

Ein Handeln aus der inneren Quelle heraus ist geprägt von Fantasie und Kreativität.

04.
NOVEMBER

Wer sich gegen die Einsichten seiner Seele wehrt, verliert seine Orientierung.

05.
NOVEMBER

Ich schütze den inneren Raum der Stille in mir, in dem Gott selbst in mir wohnt. Es ist ein heiliger Raum.

06. NOVEMBER

Ein Kriterium echter Spiritualität ist die Einheit, das Einssein mit sich selbst, das Versöhntsein mit seinen Gegensätzen, der Friede mit sich als Voraussetzung, um auch mit anderen in Frieden leben zu können.

07. NOVEMBER

Jesus geht mit uns durch die Nacht unseres Lebens.

08. NOVEMBER

Die Krise verlangt von uns eine Antwort und einen Schritt hin zu mehr Reifung. Es liegt in unserer Verantwortung, wie wir auf die Krise reagieren. Wir können resignieren oder einfach so weitermachen, als ob es keine Krise gäbe. Oder aber wir können die Herausforderung als Chance sehen, unser Leben auf eine neue Basis zu stellen, und in uns neue Möglichkeiten entdecken.

09. NOVEMBER

Gott ist immer bei uns und in uns.

10. NOVEMBER

In der Freundschaft berühre ich das Herz des anderen mit all seinen Höhen und Tiefen. Ich spüre, was er fühlt und denkt. Ich sehe, was ihn bewegt und bedrängt. Ich verzichte darauf, zu beurteilen und zu bewerten. Ich schaue einfach hin und nehme alles so, wie es ist.

11. NOVEMBER

Gott suchen heißt: Das wahre Leben suchen, sich nicht zufriedengeben mit dem Vordergründigen, Lust am Leben zu haben.

12. NOVEMBER

Wer sich in Gott hineinverliert,
findet sich selbst.

13. NOVEMBER

Habe den Mut zu sagen, was dich verletzt. Vielleicht sind die anderen froh, endlich zu wissen, was du fühlst, was du möchtest und was nicht.

14. NOVEMBER

Die ersten Gedanken, die man beim Aufstehen hat, beeinflussen einen den ganzen Tag. Daher ist es so wichtig, sich anzugewöhnen, mit positiven Gedanken, mit einem Gebet morgens aufzustehen.

15. NOVEMBER

Nutze deine Energie für deine eigenen Träume, anstatt sie zur Erfüllung fremder Erwartungen zu verschwenden.

----

16. NOVEMBER

Zuhören heißt: Anteil nehmen am anderen.

17. NOVEMBER

Stelle dich an einem einsamen Platz in den Wind. Schließe die Augen, damit du besser spüren kannst, wie der Wind über deine Haut weht. Manchmal wird es ein zärtlicher Windhauch sein, der dich streichelt. Manchmal ein Wind, der dich anweht und antreibt. Und manchmal wird es ein Sturm sein, der alles Verstaubte aus dir heraustreibt und dich mit neuer Energie erfüllt.

----

18. NOVEMBER

Doch nur der hört das Unhörbare, der sich ganz dem Hören überlässt und der ganz Ohr ist. Im Horchen hören wir nicht nur die Musik, die in uns eindringt, sondern auch immer die Stimmen im eigenen Herzen. Wir kommen durch die äußeren Töne mit der Stimme und Stimmung unseres Herzens in Berührung.

19. NOVEMBER

Ich bin bei mir daheim, weil Gott, das Geheimnis, in mir wohnt. In diesem heiligen Raum der Stille sprudelt die Quelle des Heiligen Geistes.

20. NOVEMBER

Am Morgen kannst du deine Hände zum Segen erheben. Stelle dir vor, dass der Segen Gottes zu den Menschen strömt, die dir am Herzen liegen. Und stelle dir vor, dass der Segen in alle Räume strömt, in denen du heute zu tun hast. Dann wirst du zu gesegneten Menschen kommen und in gesegnete Räume hineintreten. Du wirst den Tag anders erleben.

21. NOVEMBER

Wer wandert, wandelt sich mit jedem Schritt. Er bleibt nicht der gleiche. In ihm bewegt sich etwas.

22. NOVEMBER

Achte auf deine Stimme und Ohren: Achte darauf, ob die Worte, die du sprichst, wirklich und liebevoll aus deinem Herzen kommen. Und übe beim Hören, dich ganz und liebevoll auf den anderen einzulassen. Wenn du bewusst sprichst und achtsam hörst, kannst du spüren, wie du mit anderen Menschen neu in Beziehung kommst.

23. NOVEMBER

Glauben heißt immer auch, den Sprung zu wagen aus dem Zweifel in den Glauben, aus der Angst in das Vertrauen, aus dem Dunkel in das Licht, aus der Leere in die Fülle. Dieser Sprung ist nicht gegen die Vernunft, sondern über sie hinaus.

24.
NOVEMBER

Nur wenn ich mich der eigenen Wahrheit stelle, kann ich zur Ruhe kommen. Das gelingt aber nur, wenn ich meine Wahrheit nicht bewerte, sondern sie in die Wahrheit Gottes hineinstelle. Und in Gottes Wahrheit darf alles sein, was in mir ist.

25.
NOVEMBER

Für die Gotteserfahrung braucht es Achtsamkeit und Langsamkeit.

26. NOVEMBER

Der spirituelle Mensch ist der wahrhaft freie Mensch, der sich nicht von der Welt bestimmen lässt, weil er vom Geist Gottes durchdrungen ist. Es ist der königliche Mensch, der nicht von anderen beherrscht wird, sondern frei und aufrecht seinen Weg in dieser Welt geht.

27. NOVEMBER

Die Liebe gibt dem, der ihr in sich Raum gibt, eine gütige Ausstrahlung nach außen. Von einem Menschen, der sich von der Liebe leiten lässt, geht etwas Gutes und Gütiges, etwas Freundliches und Aufrichtiges aus.

28. NOVEMBER

Der russische Dichter F. M. Dostojewski sagt von der Freundschaft: „Ich halte es nicht für das größte Glück, einen Menschen ganz enträtselt zu haben. Ein größeres Glück ist es noch, bei dem, den wir lieben, immer neue Tiefen zu entdecken, die uns immer mehr die Unergründlichkeit seiner Natur in ihrer ewigen Tiefe offenbaren." Jeder Mensch ist ein Geheimnis. Für ihn bleibt der andere immer ein Wunder. Er staunt darüber, ohne es ergreifen zu wollen.

29. NOVEMBER

Nimm dir Zeit zum Trauern über verpasste Chancen, verlorenes Glück, zerbrochene Träume.

30. NOVEMBER

Geduld muss der Mensch vor allem auch mit sich selbst haben. Der Geduldige duldet, dass er so ist, wie er ist. Er erlaubt sich seine eigene Verfassung und Schwäche. Er hört auf, zu bewerten und zu verbieten.

----

01. DEZEMBER

Heimat, das meint für die frühen
Christen, in Gott daheim zu sein,
in Gott ausruhen zu können,
mit seinem unruhigen Herzen in
Gott wahrhaft Ruhe zu finden.

----

02. DEZEMBER

Darum geht es im Glauben: das Leben in Fülle dankbar zu empfangen und genießen.

03. DEZEMBER

In der Krise gibt es für mich drei Wege, mit der eigenen Kraft in Berührung zu kommen. Der eine Weg geht über das Innehalten. Ich wende den Blick von der Krise weg und schaue in mein Inneres. Der zweite Weg geht darüber, mir jetzt meiner Fähigkeiten bewusst zu werden. Ich analysiere die Krise und überlege mir, welche Schritte mir helfen können. Der dritte Weg weist in eine andere Richtung. Ich bete zum Heiligen Geist und bitte ihn, dass er meine begrenzte Kraft mit seiner göttlichen Kraft und Energie auffüllen möge.

04.
DEZEMBER

Wir können Gott in dieser Welt nur erleben, indem wir ihn in allen Dingen als den Ursprung allen Seins erspüren.

05. DEZEMBER

Wir dürfen Gott so unverschämt bitten wie einen Freund.

06. DEZEMBER

Friedrich Nietzsche hat in der Freundschaft erfahren, wie die Freunde ihn in seinem mangelnden Selbstwertgefühl stützen. Er schreibt an seinen Freund Rohde: „Mit meinem Selbstgefühle steht es schwach und erbärmlich, und Ihr müsst mir immer wieder mich mir selbst gewährleisten." In der Freundschaft finde ich die eigene Mitte. Ich spüre mich. Und es wächst Selbstvertrauen. Weil einer mir ganz und gar vertraut, beginne ich, mir selbst zu trauen.

----

07. DEZEMBER

Du sollst dich so, wie du bist, nackt und bloß, Jesus hinhalten. Du darfst deine Angst zeigen, deine Hilflosigkeit, deine Ohnmacht. Du sollst dir keine Vorwürfe machen, wenn du kein Vertrauen hast. Erlaube dir, so zu sein, wie du bist.

08.
DEZEMBER

Wenn wir uns von Gottes Liebe durchdringen lassen, dann hellt sich unsere Dunkelheit auf.

09.
DEZEMBER

Der Heilige Geist erfüllt und durchdringt uns und schenkt uns die Kraft, aufrecht durch das Leben zu gehen, die anfallenden Kämpfe zu bestehen und die Verantwortung für unser Leben zu übernehmen.

10. DEZEMBER

Wenn Gott zu mir spricht, dann entsteht in meiner Seele ein tiefer Frieden, ich fühle mich lebendig und frei. Es entsteht in mir Weite und ich komme mit der Liebe in Berührung, die in mir ist.

11. DEZEMBER

Die Glut des Heiligen Geistes brennt in mir und erfüllt mich mit Liebe und Wärme.

12. DEZEMBER

Wir sollen uns über keinen Gedanken wundern, der in uns auftaucht, auch wenn er noch so gemein und unfair, noch so egoistisch und brutal ist. Ich lasse den Gedanken in mir zu, aber ich agiere ihn nicht aus. Ich kämpfe mit ihm, indem ich nach der Wurzel frage: Woher kommt dieser Gedanke, was sagt er über mich aus, welche positive Kraft steckt in ihm, welche Sehnsucht drückt sich in ihm aus und auf welche inneren Wunden weist er mich hin? Wie sehr muss mich meine Wunde schmerzen, dass ich so denke?

13. DEZEMBER

Freundschaft entsteht nicht durch die Frage „Liebst du mich?", sondern vielmehr „Erkennst du dieselbe Wahrheit?"

....

....

....

....

14. DEZEMBER

Wer sich auf den spirituellen Weg einlässt, wer mit ganzem Herzen Gott sucht und auf diesem Wege die Liebe zu den Menschen lernt, der gewinnt das Leben, der ist dankbar für das, was in ihm aufblüht und zum Segen wird für ihn und für die Welt.

15. DEZEMBER

Im Gehen geht uns das eigentliche Ziel unseres Lebens auf. Wir sind auf dem Weg zu Gott.

16. DEZEMBER

Liebe und Wahrheit gehören von ihrem Wesen zusammen. Nur wenn ich den anderen liebe, kann ich ihm seine Wahrheit aufdecken. Und er kann seine Wahrheit nur aushalten, wenn er weiß, dass ich ihn mit allem, was in ihm ist, annehme und liebe. Echte Liebe erfreut sich an der Wahrheit, an der eigenen Wahrheit und an der Wahrheit des anderen.

17. DEZEMBER

Der Glaube verheißt uns, dass unser Leben gelingen wird, dass wir durch alle Umwege und Irrwege doch den Weg finden, der uns zum wahren Leben führt, in immer mehr Lebendigkeit, Freiheit, Liebe und Frieden hinein.

18. DEZEMBER

Gott ist das Licht, das uns den Weg weist.

19. DEZEMBER

Das Wort Gottes will mich in Berührung bringen mit dem Vertrauen, das in der Tiefe meiner Seele schlummert.

20. DEZEMBER

Die Stille wird zu einem Raum der Geborgenheit und des Vertrauens und zu einem Ort, an dem ich neuen Stand in meinem Leben gewinnen kann.

....

....

....

21. DEZEMBER

Der Dankbare denkt mit dem Herzen. Er nimmt wahr, was ihm täglich geschenkt wird.

22. DEZEMBER

Ich wünsche allen den Engel der Hoffnung, der nie aufgibt, sondern der auf das hofft, was er nicht sieht, der all das Unsichtbare, das in uns an Potenzial bereitliegt, immer mehr zur Entfaltung bringt, damit es aufblüht und Frucht bringt und zum Segen wird – für uns und für die Menschen, mit denen wir leben.

23. DEZEMBER

Wenn ich Musik nicht nur mit den Ohren höre, sondern sie in mein Herz hineinfallen lasse, dann wird das für mich oft zu einer tiefen spirituellen Erfahrung. Dann wird in mir etwas leicht. Dann werde ich für Gott durchlässig. Dann klingt etwas von der Vollendung in mir an. Dann erscheint Gott als der, der Leib und Seele erfreut und der meine tiefste Sehnsucht stillt. Dann öffnet sich mir ein Fenster zum Himmel und ich höre das Unhörbare mit.

24. DEZEMBER

Gott ist mit uns – das ist die Verheißung im Advent und die frohe Botschaft von Weihnachten.

....
....
....
....

25. DEZEMBER

Die Liebe ist die Quelle, aus der wir schöpfen dürfen. Wenn wir uns von ihr führen lassen, dann geht Gutes von uns aus.

26. DEZEMBER

Gott schützt jeden Menschen und wendet sich jedem Menschen zu.

----

21. DEZEMBER

Wahre Liebe heilt und eint den Menschen, sie macht ihn ganz. Und sie schenkt ihm Heimat, sie gewährt ihm ein Haus, in dem er wahrhaft zu Hause sein kann, in dem er wahrhaft der sein kann, zu dem Gott ihn berufen hat, ein freier Sohn und eine freie Tochter Gottes.

28. DEZEMBER

Wenn du in der Natur unterwegs bist, nimm dir Zeit dafür, einmal zu ertasten, wie sich ein Baum anfühlt oder das kühle Wasser eines Baches. Wenn man eine Blume ertastet oder Gras, das im Wind wiegt, dann kann man auch etwas von der Zärtlichkeit Gottes erspüren. In der Schöpfung kannst du so den Schöpfer selbst erfahren.

29. DEZEMBER

Ewigkeit meint, dass es keine Zeit mehr gibt, die lange andauert. Alles ist Augenblick und Gegenwart.

30.
DEZEMBER

Die Stille ist ein Bedenken dessen,
was war und was ist.

31. DEZEMBER

Wenn Gott mein Leben segnet,
dann darf ich darauf vertrauen,
dass es gelingen wird.

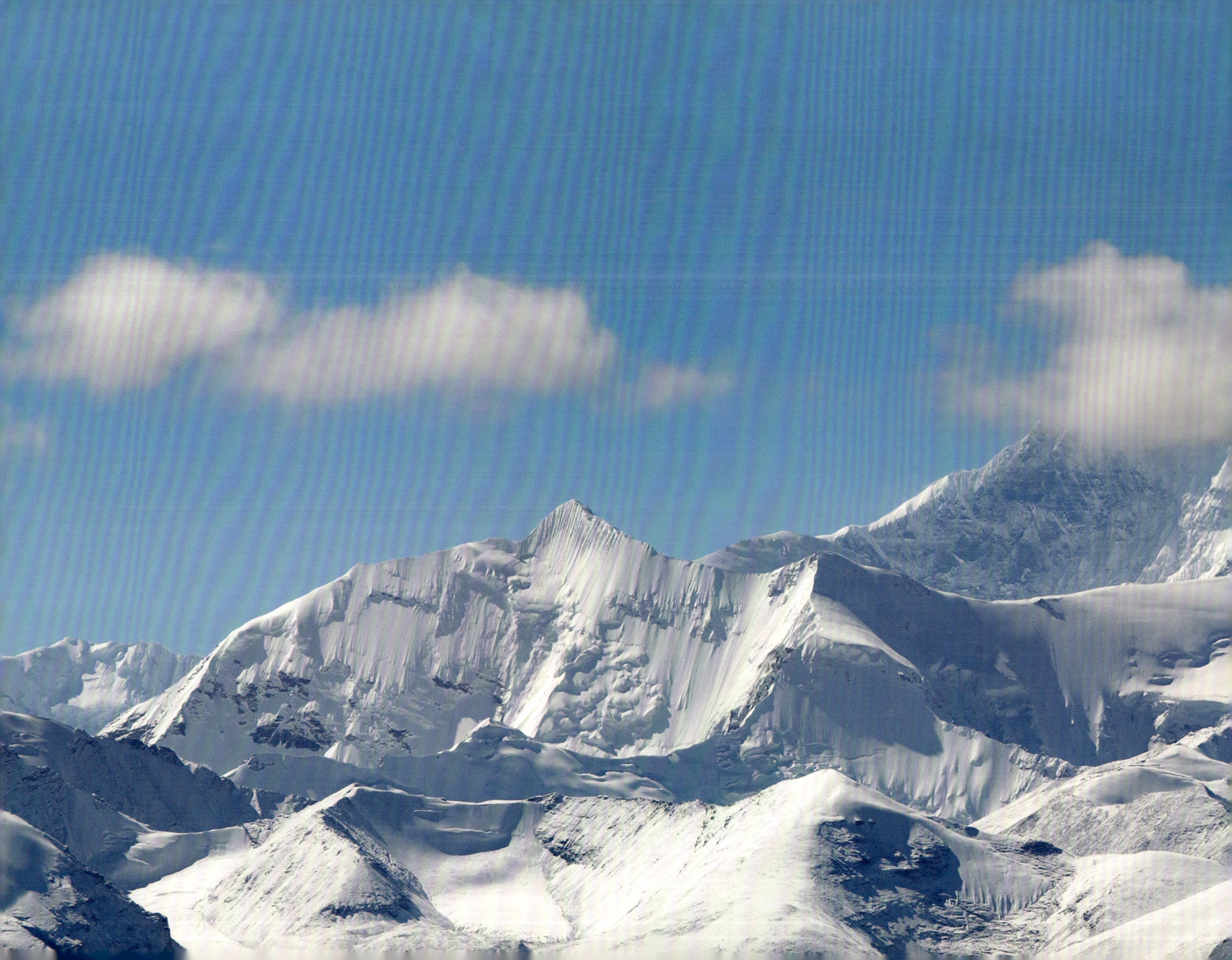

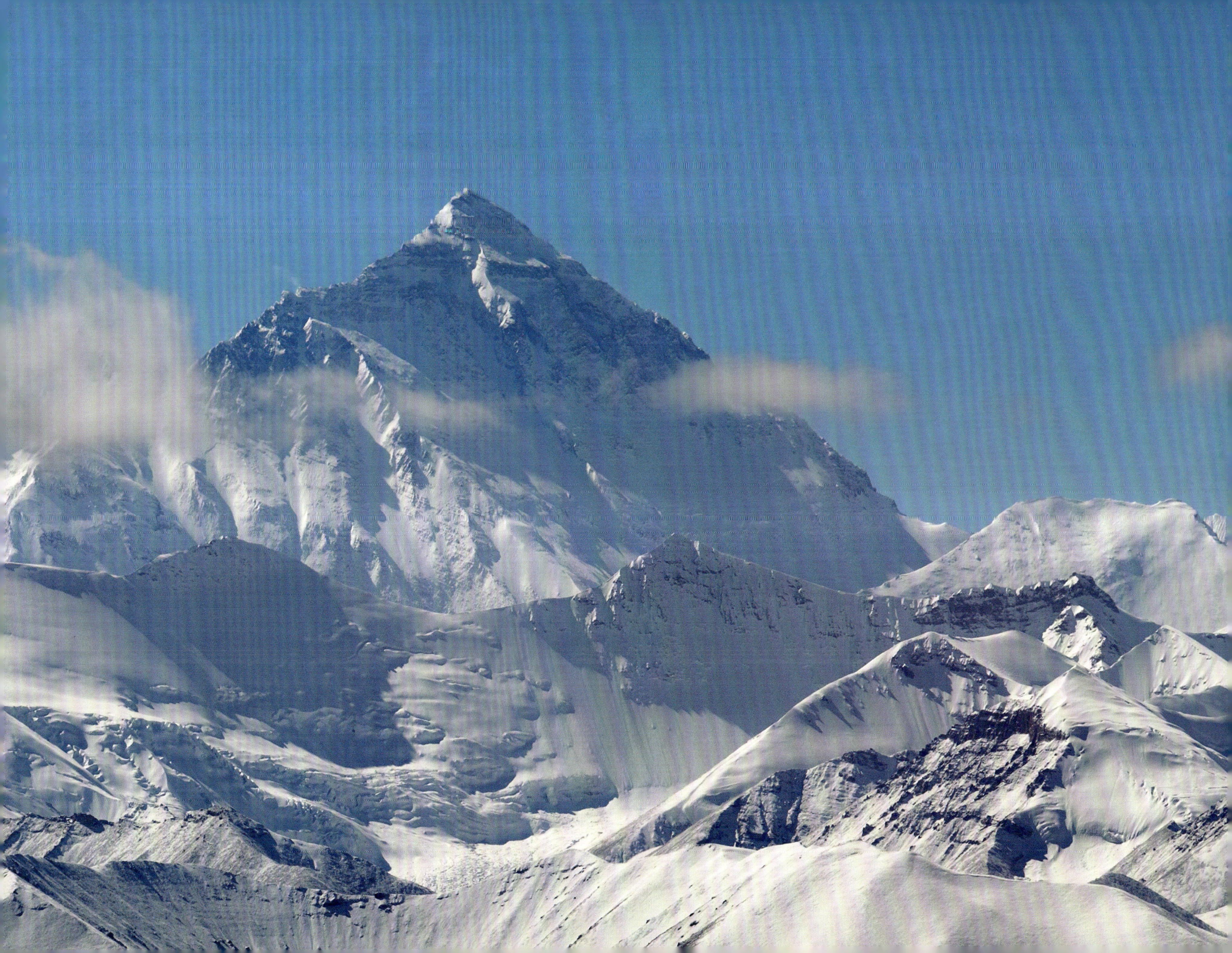

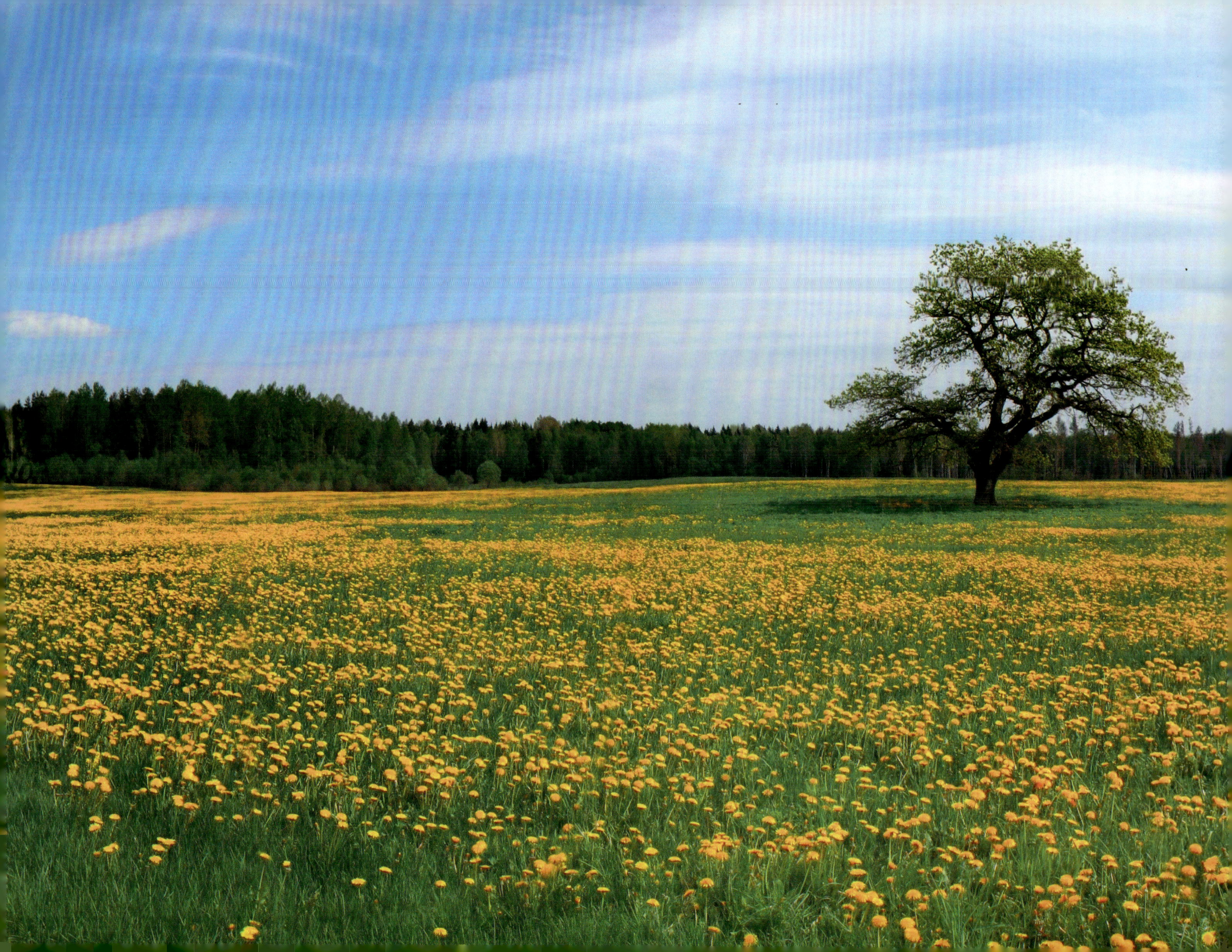

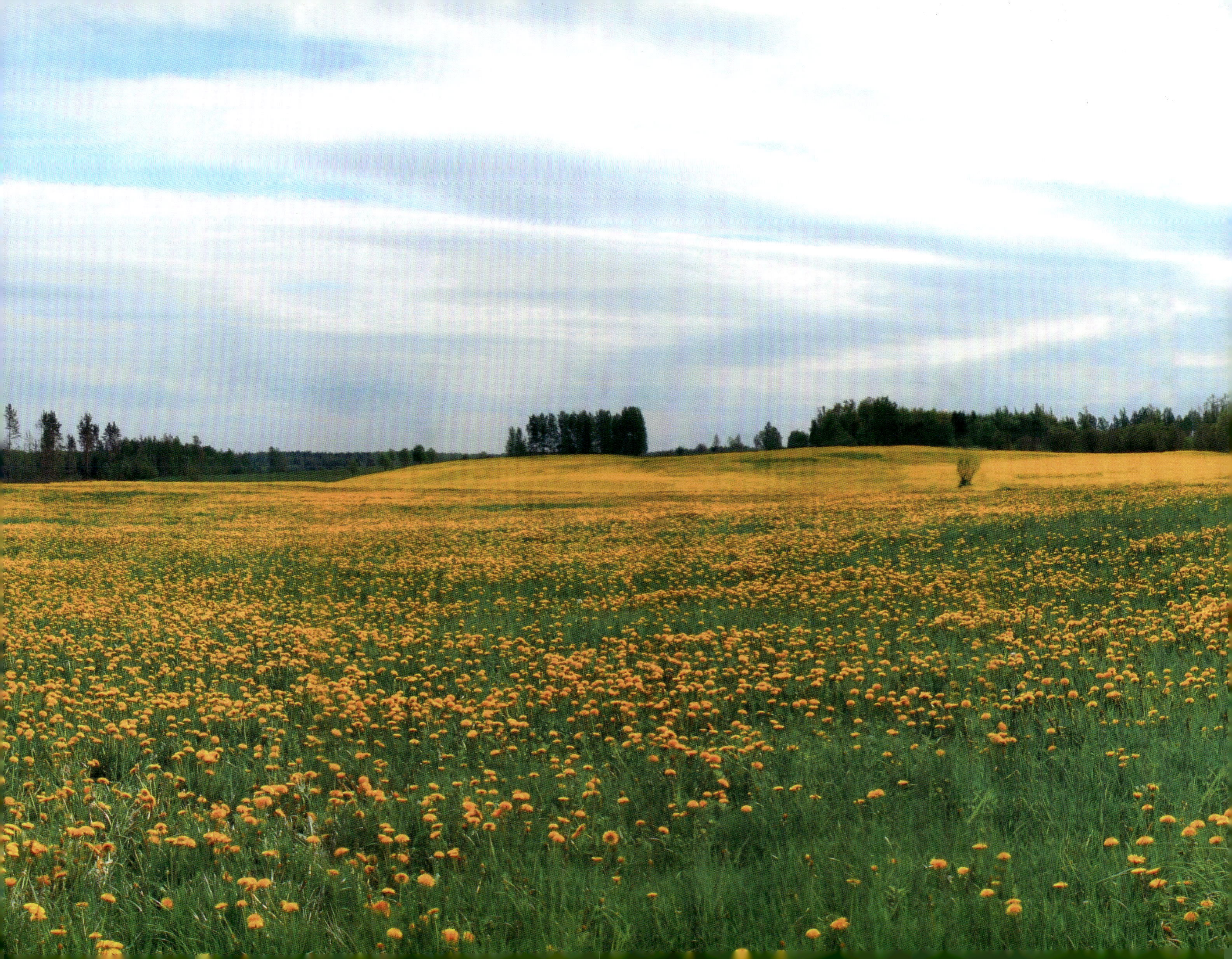

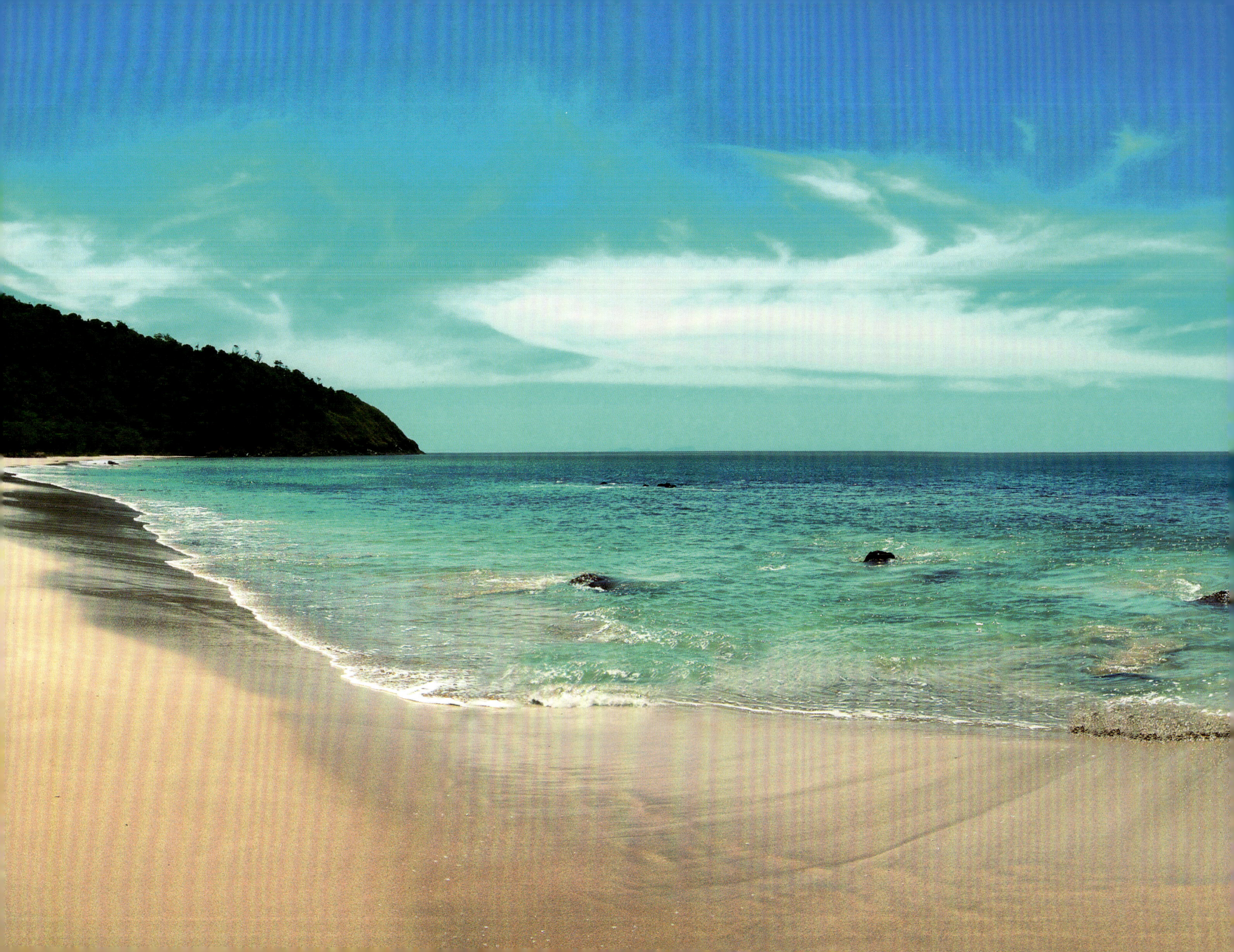

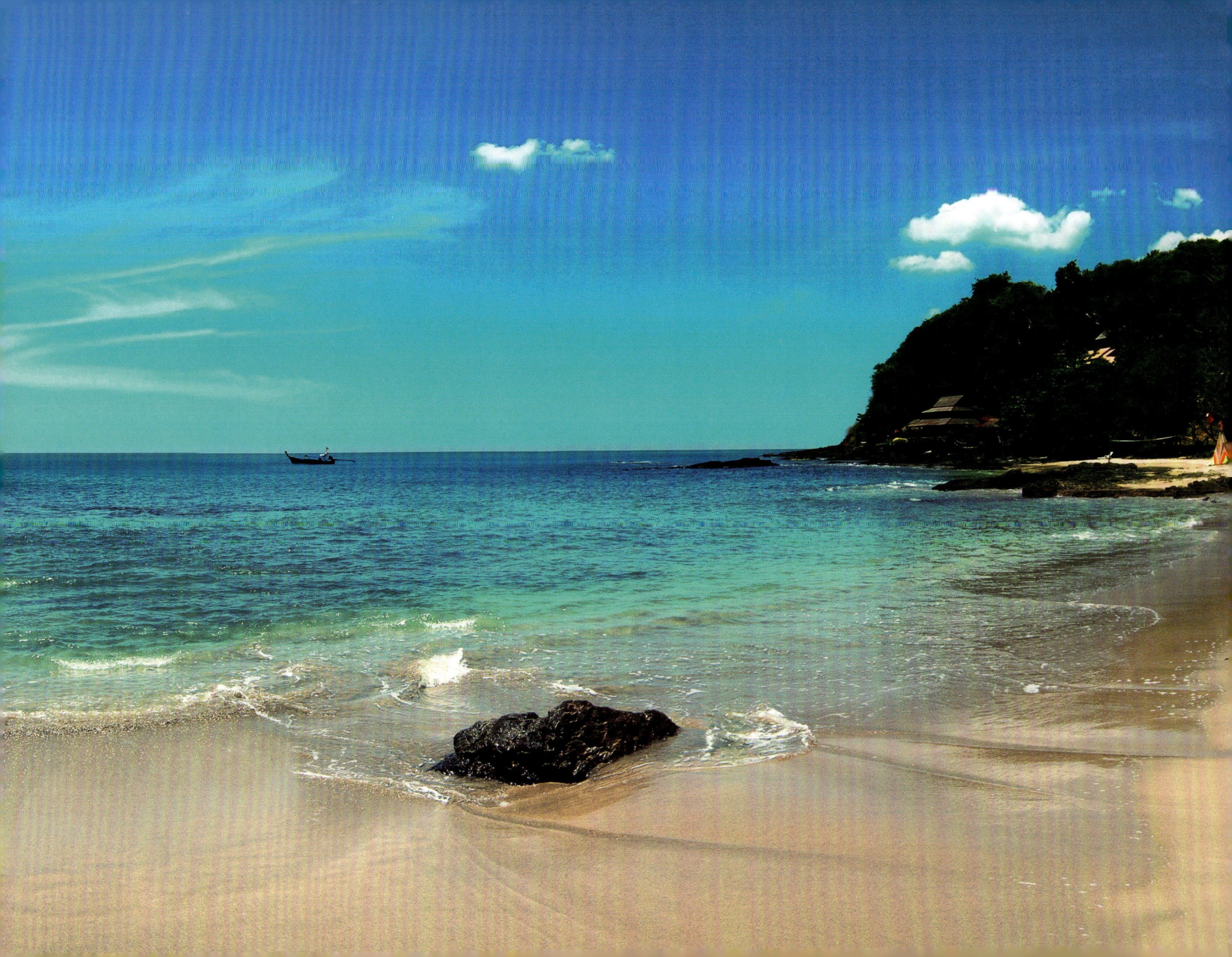

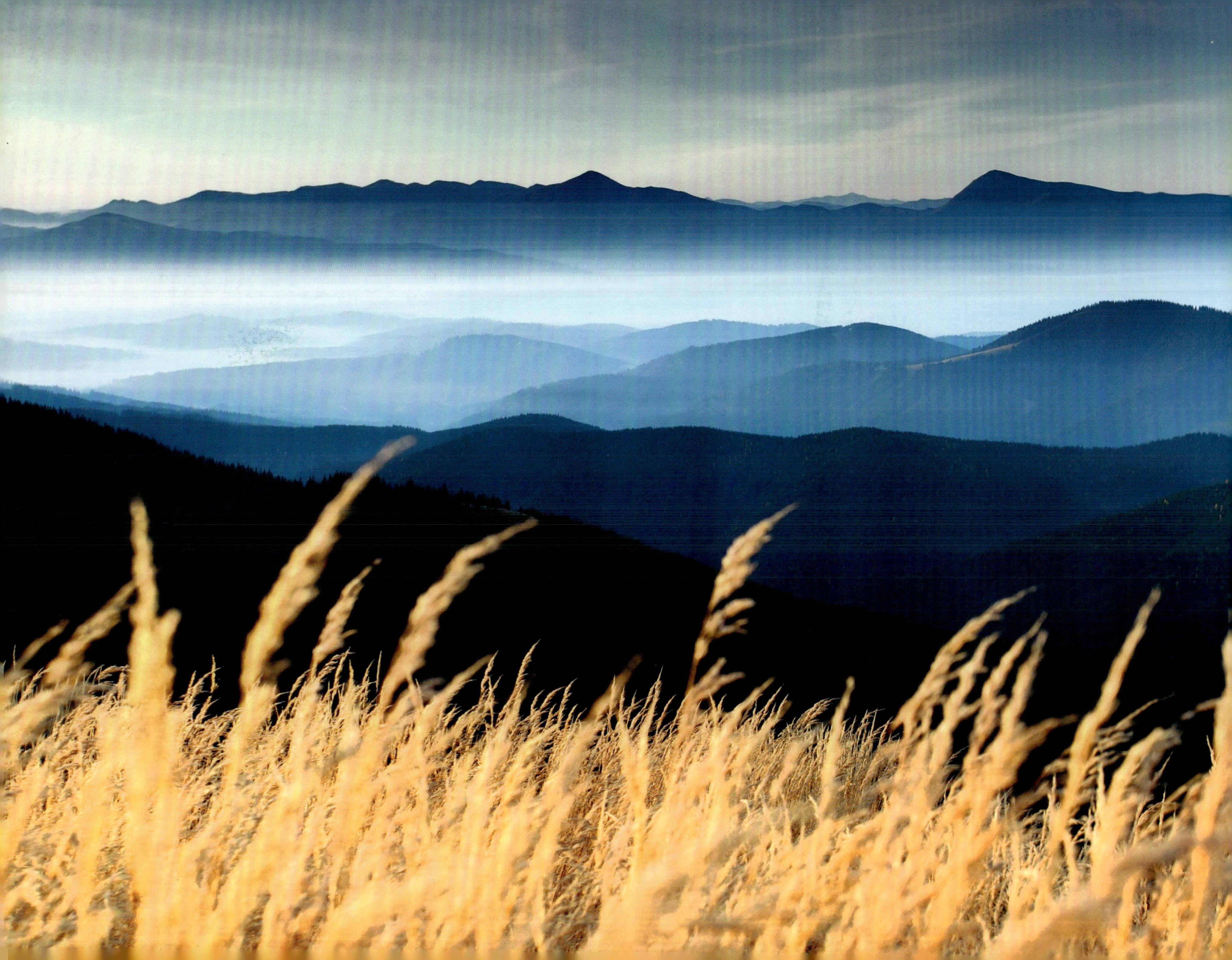

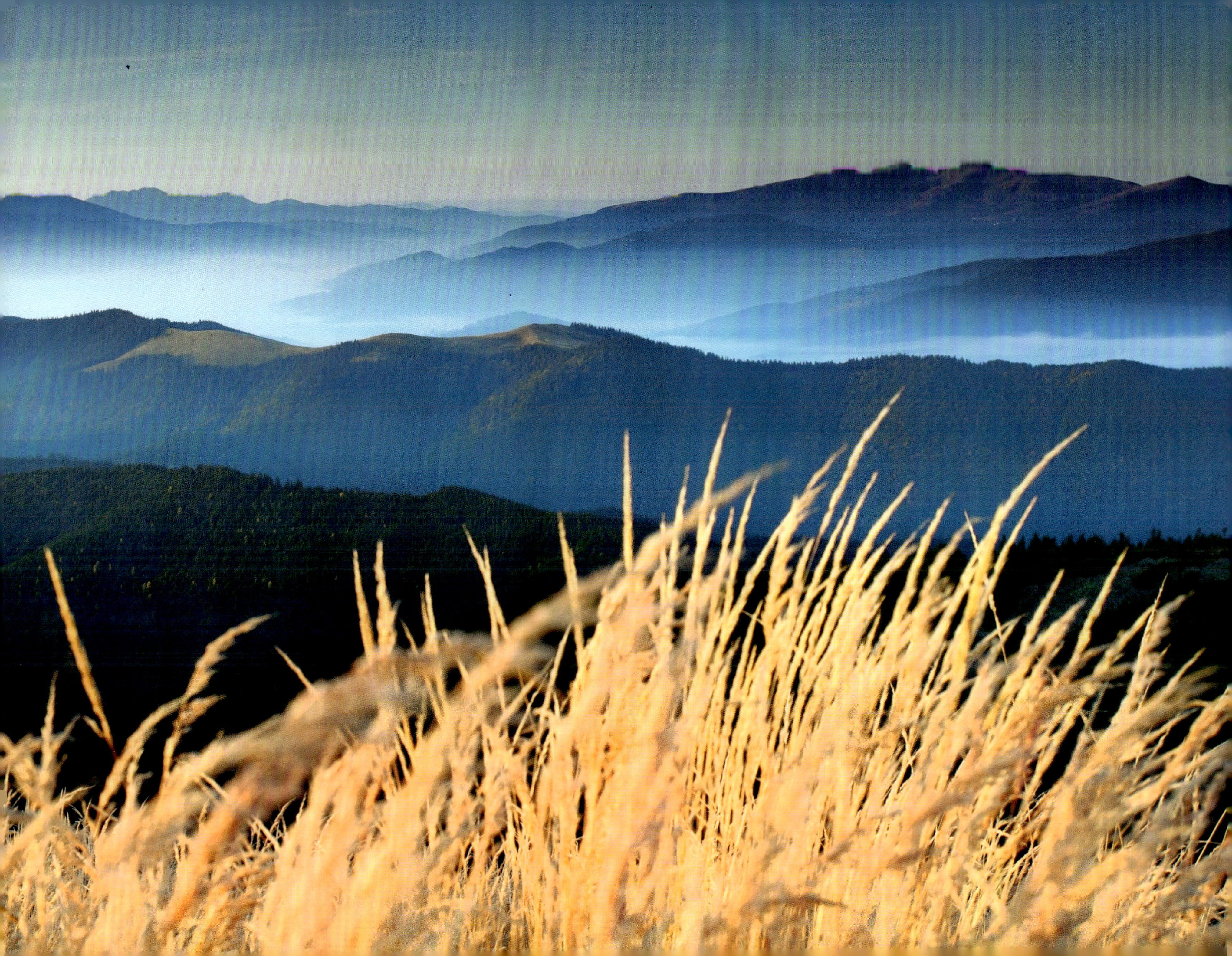

LITERATURNACHWEIS

Die Texte sind entnommen aus folgenden Veröffentlichungen von Anselm Grün:

Auf dem Wege; Das Hohelied der Liebe; Die hohe Kunst des Älterwerdens; Die Kunst erwachsen zu werden; Die vierzehn Nothelfer; Du bist ein Segen; Einreden; Gute Besserung; Höre, so wird deine Seele leben; Ich wünsch dir einen Freund; Lebensträume; Mein Fastentagebuch; Mit allen Sinnen Gott erfahren; Momente des Glücks 2011; Segne meinen Tag; Spiritualität; Traue deiner Kraft; Wege zur Freiheit

Sämtliche Werke:
© Vier-Türme GmbH,
D-97359 Münsterschwarzach Abtei

BILDNACHWEIS

Fotolia.com:

S. 4/5 (© Jörg Richter), S. 6/7 (© danielschoenen), 1.1. (© Ben Heys), 2.1. (© Gerhard Wanzenböck), 3.1. (© Udo Werner), 4.1. (© wildman), 5.1. (© mediarts.ch), 6.1. (© zatletic), 7.1. (© Alta Oosthuizen), 8.1. (© sculpies), 9.1. (© Kautz15), 10.1. (© mirpic), 11.1. (© Carson Liu), 12.1. (© ArnLay), 13.1. (© Iosif Szasz-Fabian), 14.1. (© Pavle), 15.1. (© JM Fotografie), 16.1. (© Luiz), 17.1. (© Laurentiu Iordache), 18.1. (© cenzuk), 19.1. (© Frank Waßerführer), 20.1. (© Igor Mojzes), 21.1. (© Oliver Hirte), 22.1. (© Eduard Shelesnjak), 23.1. (© DeVIce), 24.1. (© Jaroslaw Grudzinski), 25.1. (© Tree of Life), 26.1. (© Bernd S.), 27.1. (© skylightpictures), 28.1. (© Marem), 29.1. (© Leonid Tit), 30.1. (© Tinka), 31.1. (© Rico K.), 1.2. (© Andreas Haertle), 2.2. (© Svenni), 3.2. (© Frank), 4.2. (© awfoto), 5.2. (© Netzer Johannes), 6.2. (© sumnersgraphicsinc), 7.2. (© Patrizia Tilly), 8.2. (© iofoto), 9.2. (© Nanadou), 10.2. (© Leonid Ikan), 11.2. (© Tinka), 12.2. (© VILevi), 13.2. (© Rico K.), 14.2. (© Netzer Johannes), 15.2. (© Alexandr Ozerov), 16.2. (© DeVIce), 17.2. (© photlook), 18.2. (© emer), 19.2. (© Leonid Tit), 20.2. (© Marco Fischbach), 21.2. (© Matthew Bowden), 22.2. (© Jaroslaw Grudzinski), 23.2. (© mikesch112), 24.2. (© emer), 25.2. (© Nuvola), 26.2. (© serena16), 27.2. (© Konstantin Drieß), 28.2. (© Anette Linnea Rasmus), 29.2. (© Akio Koizumi), 1.3. (© vsurkov), 2.3. (© Kautz15), 3.3. (© DeVIce), 4.3. (© macgyverhh), 5.3. (© ivan kmit), 6.3. (© Profotokris), 7.3. (© thomas.andri), 8.3. (© R_R), 9.3. (© thisnamewasfree), 10.3. (© James Thew), 11.3. (© Steve Schwettman), 12.3. (© misklsn), 13.3. (© Iakov Kalinin), 14.3. (© auris), 15.3. (© victor zastol'skiy), 16.3. (© kerenby), 17.3. (© Stephan Leyk), 18.3. (© Heikos), 19.3. (© Almgren), 20.3. (© Ramona Heim), 21.3. (© Delphimages), 22.3. (© Norbert Suessenguth), 23.3. (© WONG SZE FEI), 24.3. (© Prod. Numérik), 25.3. (© sam richter), 26.3. (© Vitaly Krivosheev), 27.3. (© mahey), 28.3. (© RRF), 29.3. (© MeHe Photos), 30.3. (© Marianne Mayer), 31.3. (© Olga Lyubkin), 1.4. (© WestPic), 2.4. (© haraldcon22), 3.4. (© Rico K.), 4.4. (© INFINITY), 5.4. (© IKO), 6.4. (© globalthinking), 7.4. (© WestPic), 8.4. (© jurand), 9.4. (© Fulcanelli), 10.4. (© Artem Mykhailichenko), 11.4. (© ollirg), 12.4. (© Alexander), 13.4. (© olive14), 14.4. (© EF-EL), 15.4. (© Kajano), 16.4. (© Ewald Fröch), 17.4. (© kotafoty), 18.4. (© Christa Eder), 19.4. (© Klaus-Peter Adler), 20.4. (© falkjohann.com), 21.4. (© Junebreath), 22.4. (© alessandro0770), 23.4. (© Alex Bramwell), 24.4. (© Duncan Noakes), 25.4. (© Piroschka), 26.4. (© Dmitry Sunagatov), 27.4. (© Tsian), 28.4. (© Monia), 29.4. (© EF-EL), 30.4. (© Christian Pedant), 1.5. (© Thorsten Schier), 2.5. (© Andreas), 3.5. (© Vladimir Semenov), 4.5. (© jf grane),

5.5. (© Sascha Bergmann), 6.5. (© Uschi Hering), 7.5. (© Marius Bluhm), 8.5. (© Timmy Kimmeskamp), 9.5. (© Vitaly Krivosheev), 10.5. (© Uschi Hering), 11.5. (© hofi///), 12.5. (© Lva Gruendemann), 13.5. (© INFINITY), 14.5. (© javarman), 15.5. (© Iffile), 16.5. (© Reena), 17.5. (© Valcho), 18.5. (© Konstantin Sutyagin), 19.5. (© Monia), 20.5. (© line-of-sight), 21.5. (© Barbara Helgason), 22.5. (© yetishooter), 23.5. (© chiakto), 24.5. (© Stefan Körber), 25.5. (© Corinna Gissemann), 26.5. (© Jakob Radlgruber), 27.5. (© Stauke), 28.5. (© Maria Sats), 29.5. (© RW-Design), 30.5. (© photo-dave), 31.5. (© Angela Parszyk), 1.6. (© Felix von Vielsch?), 2.6. (© Patrizia Tilly), 3.6. (© russell witherington), 4.6. (© steschum), 5.6. (© MaxWo), 6.6. (© Bernd S.), 7.6. (© tfazevedo), 8.6. (© Anette Linnea Rasmus), 9.6. (© gandolf), 10.6. (© Bo Valentino), 11.6. (© Günter Menzl), 12.6. (© Maksim Bukovski), 13.6. (© fu-tu-re), 14.6. (© kmiragaya), 15.6. (© Floydine), 16.6. (© SylviaEisenmann), 17.6. (© Krzysztof Czuba), 18.6. (© bdphotoshot), 19.6. (© Patryk Kosmider), 20.6. (© Stefan Körber), 21.6. (© AndreasEdelmann), 22.6. (© keller), 23.6. (© Uschi Hering), 24.6. (© WONG SZE FEI), 25.6. (© Jane September), 26.6. (© ti_to_tito), 27.6. (© Tomas Sereda), 28.6. (© frenk58), 29.6. (© Lothringinia), 30.6. (© Axel Gutjahr), 1.7. (© druckingenieur), 2.7. (© mahey), 3.7. (© Mademoiselle Bézier), 4.7. (© Iakov Kalinin), 5.7. (© S), 6.7. (© Monia), 7.7. (© Christa Eder), 8.7. (© Aamon), 9.7. (© Andreas), 10.7. (© Sandra Cunningham), 11.7. (© kristin kreet), 12.7. (© boguslaw), 13.7. (© Bspieler), 14.7. (© ti_to_tito), 15.7. (© Iakov Kalinin), 16.7. (© Malena und Philipp K), 17.7. (© Wolfgang Zintl), 18.7. (© Irineos Maliaris), 19.7. (© haitaucher39), 20.7. (© Iakov Kalinin), 21.7. (© ferretcloud), 22.7. (© Inga Nielsen), 23.7. (© Beboy), 24.7. (© Dashwill Hammett), 25.7. (© Cobalt), 26.7. (© Kwest), 27.7. (© Stuart Monk), 28.7. (© adisa), 29.7. (© Stefan Körber), 30.7. (© dzain), 31.7. (© Mariusz Blach), 1.8. (© Igor Chaikovskiy), 2.8. (© Julian Weber), 3.8. (© druckingenieur), 4.8. (© Foxy_A), 5.8. (© Bergfee), 6.8. (© Tomas Sereda), 7.8. (© sarra22), 8.8. (© Acik), 9.8. (© Atlantis), 10.8. (© Blickfang), 11.8. (© PictureArt), 12.8. (© Sara Berdon), 13.8. (© Brilt), 14.8. (© Bergfee), 15.8. (© Konstanze Gruber), 16.8. (© lassedesignen), 17.8. (© Eva Gruendemann), 18.8. (© Laure Fons), 19.8. (© LianeM), 20.8. (© wajan), 21.8. (© PANORAMO), 22.8. (© Katja Xenikis), 23.8. (© Andreas Karelias), 24.8. (© Kuiyu_Rose), 25.8. (© JM Fotografie), 26.8. (© Iraohka), 27.8. (© Llenathewise), 28.8. (© Unclesam), 29.8. (© Martin Wiedehage), 30.8. (© Ulrich Müller), 31.8. (© Patryk Kosmider), 1.9. (© Pakhnyushchyy), 2.9. (© Petra Reinartz), 3.9. (© lassedesignen), 4.9. (© RomainQuéré), 5.9. (© Anna Omelchenko), 6.9. (© JONATHAN), 7.9. (© Piotr Skubisz), 8.9. (© Hubert Körner), 9.9. (© Netzer Johannes), 10.9. (© angellodeco), 11.9. (© Faded Beauty), 12.9. (© checker), 13.9. (© Subbotina Anna), 14.9. (© pitrs), 15.9. (© Stanislav Komogorov), 16.9. (© Sven Hoppe), 17.9. (© Gino Santa Maria), 18.9. (© iNNOCENt), 19.9. (© Stephen Bonk), 20.9. (© Stefan Körber), 21.9. (© Marc Heiligenstein), 22.9. (© Farida), 23.9. (© Miredi), 24.9. (© RalfenByte), 25.9. (© Tinka), 26.9. (© Kati Molin), 27.9. (© keller), 28.9. (© Subbotina Anna), 29.9. (© Miredi), 30.9. (© Marco Desscouleurs), 1.10. (© Netzer Johannes), 2.10. (© froxx), 3.10. (© beatuerk), 4.10. (© ThKatz), 5.10. (© AV), 6.10. (© Andreas F.), 7.10. (© VRD), 8.10. (© suteracher), 9.10. (© Reicher), 10.10. (© Weimar), 11.10. (© LianeM), 12.10. (© Miervaldis Ozols), 13.10. (© Iamio), 14.10. (© Stefan Körber), 15.10. (© Printemps), 16.10. (© Luxian),

17.10. (© hassan bensliman), 18.10. (© PHB.cz), 19.10. (© Denis Lazarenko), 20.10. (© Jürgen Baur), 21.10. (© mirpic), 22.10. (© Foto sapiens), 23.10. (© LianeM), 24.10. (© Matthew Benoit), 25.10. (© .shock), 26.10. (© Jörg Franzen), 27.10. (© Nejron Photo), 28.10. (© Subbotina Anna), 29.10. (© Marco Desscouleurs), 30.10. (© seb hovaguimian), 31.10. (© VRD), 1.11. (© silver-john), 2.11. (© Mike Norton), 3.11. (© Irochka), 4.11. (© Dmitri Zakovorotny), 5.11. (© Olivier Le Moal), 6.11. (© .shock), 7.11. (© Thomas Becker), 8.11. (© andreiuc88), 9.11. (© Anette Linnea Rasmus), 10.11. (© Tom Bayer), 11.11. (© Marco Desscouleurs), 12.11. (© Gorilla), 13.11. (© Martina Berg), 14.11. (© Piotr Wawrzyniuk), 15.11. (© centryfuga), 16.11. (© Mario Lopes), 17.11. (© oriwo), 18.11. (© Bernd S.), 19.11. (© maiko), 20.11. (© Anatolijs Kivrins), 21.11. (© Vladimir Melnikov), 22.11. (© clearlens), 23.11. (© Mumpitz), 24.11. (© Galyna Andrushko), 25.11. (© gandolf), 26.11. (© Alain Finger), 27.11. (© Miredi), 28.11. (© Heggie), 29.11. (© Martina Berg), 30.11. (© Renate Flormann), 1.12. (© freudelachenliebe), 2.12. (© Shchipkova Elena), 3.12. (© Tobias Machhaus), 4.12. (© Bergfee), 5.12. (© FotoFrank), 6.12. (© Yanterric), 7.12. (© Marco Desscouleurs), 8.12. (© joda), 9.12. (© JONATHAN), 10.12. (© freudelachenliebe), 11.12. (© Bernd S.), 12.12. (© Alexandar Iotzov), 13.12. (© EyeMark), 14.12. (© Vincenzo De Santis), 15.12. (© urmoments), 16.12. (© steschum), 17.12. (© Nuvola), 18.12. (© Bernd S.), 19.12. (© steschum), 20.12. (© alessandro0770), 21.12. (© dd), 22.12. (© Malgorzata Kistryn), 23.12. (© Kati Molin), 24.12. (© Kautz15), 25.12. (© zatletic), 26.12. (© Andreas Gradin), 27.12. (© CURAphotography), 28.12. (© Bertram Klehenz), 29.12. (© danielschoenen), 30.12. (© Evgeny Dubinchuk), 31.12. (© volkerr), S. 374/375 (© Dmitry Pichugin), S. 376/377 (© Lucina), S. 378/379 (© Lukas Laterne), S. 380/381 (© Leonid Tit)